Ein Paradies für Fische

Ein Teich stellt für jede Gartenlandschaft eine Bereicherung dar. Den besonderen Charme des kleinen Gewässers machen vor allem seine Bepflanzung und die Tierwelt aus. Bei den Fischen für den Gartenteich haben Sie die Wahl unter einer Vielzahl attraktiver einheimischer und fremdländischer Arten.

Fische für den Gartenteich

AUTOR: AXEL GUTJAHR | FOTOS VON RENOMMIERTEN TIERFOTOGRAFEN

Inhalt

Wie alles begann

Die ersten Vorläufer unserer heutigen Gartenteiche gab es bereits vor über 3000 Jahren in Ägypten. In großen Bassins ließen die Pharaonen Lotosblumen von einer eigens dafür zuständigen Dienerschaft pflegen. Nach allem, was wir heute wissen, wurden in diesen Becken allerdings noch keine Fische gehalten. Die ersten Teichanlagen, in denen man Fische nicht zu Speise-, sondern ausschließlich zu Zierzwecken züchtete, erbauten die Chinesen vor mehr als 2000 Jahren. Schon damals begannen sie, aus dem noch heute existierenden Wildkarpfen *Cyprinus carpio* die ersten Farbschläge zu selektieren. Durch geschickte Kreuzungen dieser ersten Zuchttiere entstanden im Verlauf der Geschichte die auch Farbkarpfen genannten Koi (→ Seite 52). Rund 1000 Jahre später züchteten die Chinesen aus der Silberkarausche den Goldfisch, der heute weltweit zu den beliebtesten Heimtieren gehört.

Der Goldfisch erobert die Welt

Um 1700 gelangten die ersten Goldfische nach Europa. Hier erregten die schönen Fische großes Aufsehen und wurden zu kostbaren und sündhaft teuren Prestigeobjekten, die sich nur der Adel und die Reichen leisten konnten. Doch die Vermehrungsfreudigkeit des Goldfischs sorgte schon bald dafür, dass die Preise sanken und nach und nach auch weniger begüterte Menschen die Tiere kaufen konnten. Zu Beginn des 20. Jahrhunderts legte man in den Vorgärten der Häuser und in Kleingärten die ersten Teiche an und setzte neben Seerosen oft auch ein paar Goldfische ein. In den folgenden Jahrzehnten entdeckten die Gartenteichbesitzer dann immer neue geeignete Fischarten, die vorwiegend aus den gemäßigten Klimazonen Eurasiens und Nordamerikas stammten, wie etwa Orfen und Sonnenbarsche.

Kleine Wasserkunde

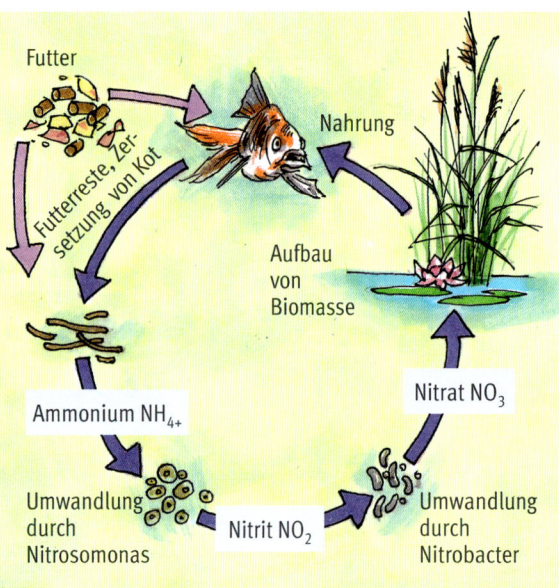

Das Wasser im Gartenteich ist nicht das reine H_2O, wie wir es als destilliertes Wasser aus dem Chemieunterricht kennen. Im Teichwasser sind vielmehr eine Reihe verschiedener Substanzen in unterschiedlichen Mengen gelöst, zum Beispiel Kohlendioxid, Kalzium- und Magnesiumsalze.

Der pH-Wert

Der pH-Wert ist sowohl für Aquarianer als auch für die Teichbesitzer einer der wichtigsten Werte der gesamten Wasserchemie, da er Wohlbefinden und Gesundheit der Fische erheblich beeinflusst. Stark vereinfacht kann man ihn als Zahlenstrahl auf einer Skala von 0–14 beschreiben. Die einzelnen Zahlenwerte geben nicht nur an, ob sich die Flüssigkeit im sauren, alkalischen oder neutralen Bereich befindet, sondern auch, wie intensiv das Milieu ist. Bei einem pH-Wert von 7,0 ist das Teichwasser neutral. Sinkt der Wert unter 7, wird das Wasser zunehmend saurer; über 7 nimmt der alkalische Charakter zu. Dabei ändert sich die Intensität nicht linear, sondern dekadisch: Wasser mit einem pH-Wert von 5,5 ist daher nicht doppelt, sondern zehnmal so sauer wie Wasser mit pH-Wert 6,5. Analog wäre Wasser mit einem pH-Wert von 8,3 zehnmal so alkalisch wie bei 7,3. Die meisten Fische fühlen sich im pH-Bereich von 6,5 bis 7,5 am wohlsten. Um den

Der Stickstoffkreislauf wandelt Stickstoffverbindungen in für die Pflanzen nutzbare Substanzen um.

Der pH-Wert kann mit einem Teststreifen schnell und kostengünstig gemessen werden.

pH-Wert zu ermitteln, können Sie im Fachhandel Teststreifen kaufen, mit denen sich bereits recht genaue Messungen durchführen lassen. Noch präziser messen die ebenfalls im Handel erhältlichen elektronischen Geräte, für die Sie allerdings auch deutlich mehr bezahlen müssen.

Einstellen des pH-Wertes

pH-Wert zu hoch Stellt man bei einer Messung fest, dass der pH-Wert deutlich über 7,0 liegt, kann er ohne viel Aufwand mit einem Extrakt aus Erlenzäpfchen oder Eichenrindenspänen abgesenkt werden. Geben Sie dazu je nach Größe des Gartenteichs 200 oder mehr Erlenzäpfchen beziehungsweise ein paar Hände voll Eichenrindenspäne in einen kleinen Eimer und füllen ihn mit lauwarmem Wasser. Nach etwa 24 Stunden hat sich ein dunkelbrauner, saurer Extrakt gebildet. Nachdem man die Zäpfchen oder Späne herausgenommen hat, gießt man den Extrakt vorsichtig und in kleinen Portionen in den Teich. Rühren Sie das Wasser dabei ein wenig mit einer Schaufel oder einem Spaten um, damit sich der Extrakt rasch im gesamten Teich verteilen kann. Zwischendurch den pH-Wert mehrmals zur Kontrolle messen, um zu verhindern, dass er zu weit absinkt. Ist der gewünschte Wert erreicht, wird die Prozedur beendet.

pH-Wert zu niedrig Auch wenn das Teichwasser zu sauer ist, kann man relativ leicht Abhilfe schaffen und den pH-Wert anheben. Legen Sie dazu ein mit zerkleinertem Kalkgestein gefülltes Leinen- oder Baumwollsäckchen in den Teich. Die Kalkkörnchen sollten nur millimetergroß sein. Das Gestein gibt kleinste Teilchen, sogenannte Ionen, ans Wasser ab, die für den allmählichen Anstieg des pH-Wertes sorgen. Auch hier sind tägliche Kontrollmessungen wichtig, um einen bestimmten Wert

Die meisten Fische fühlen sich in Teichen mit pH-Werten von 6,5–7,5 am wohlsten. Weicht der pH ab, gibt es verschiedene Regulierungsmöglichkeiten.

einzustellen. Nachdem der gewünschte pH-Wert erreicht ist, nimmt man das Säckchen samt Inhalt wieder aus dem Teich heraus.

Sauerstoff und Temperatur

Im Teichwasser ist immer eine mehr oder weniger große Menge an Sauerstoff gelöst, den die Fische und andere Kiemen besitzende Teichbewohner zum Atmen benötigen. Der Sauerstoff wird von den Unterwasserpflanzen abgegeben, er stammt aber auch aus der Atmosphäre, weil zwischen ihr und der Wasseroberfläche ein ständiger Gasaustausch stattfindet. Die Sauerstoffmenge, die der Gartenteich aus der Atmosphäre aufnimmt, hängt dabei sehr stark von der Wassertemperatur ab. Steigt die Temperatur des Teichwassers an, verringert sich die Sauerstoffsättigung zunehmend. Wie drastisch der Rückgang sein kann, verdeutlicht ein Vergleich von

10 °C und 25 °C warmem Wasser: Bei 25 °C ist die Sauerstoffsättigung etwa um ein Viertel niedriger als bei 10 °C. Das erklärt auch, warum die Fische an heißen Sommertagen in Teichen, die keine Umwälzpumpe und nicht genügend Sauerstoff produzierende Wasserpflanzen besitzen, häufig an der Oberfläche »hängen« und gierig nach Luft schnappen. In diesen Teichen ist der gelöste Sauerstoff zu knapp geworden, und die Fische versuchen qualvoll, den Mangel zu kompensieren, indem sie atmosphärische Luft einatmen.

Die Wasserhärte

Die Wasserhärte ist ein Maß für die im Wasser gelösten Kalzium- und Magnesiumverbindungen.

Testset zur Härtemessung Man unterscheidet zwischen temporärer Härte und Nichtkarbonathärte. Die temporäre Härte wird von den gelösten Karbonatverbindungen des Kalziums und Magnesiums bestimmt, die Nichtkarbonathärte von den karbonatfreien Verbindungen. Karbonat- und Nichtkarbonathärte ergeben zusammen die Gesamthärte, die in Grad deutscher Härte (°dGH) gemessen wird. Zur Ermittlung der Härte gibt es im Fachhandel neben verschiedenen, leicht zu handhabenden Testsets auch elektronische Messgeräte. Für einen Hobby-Teichgärtner reicht die Messgenauigkeit eines Testsets völlig aus.

Einteilung des Wassers in fünf Härtekategorien

Härtegrad (in °dGH)	Kategorie
0–4	sehr weiches Wasser
5–8	weiches Wasser
9–14	mittelhartes Wasser
15–20	hartes Wasser
ab 21	sehr hartes Wasser

In kaltem Wasser ist die Sauerstoffsättigung deutlich höher als in wärmerem. Daher sind zahlreiche Pflanzen und ein guter Durchlüfter empfehlenswert.

Verdunstetes **Wasser auffüllen**

WASSERVERLUST Während der Sommermonate verdunstet meist viel Wasser aus dem Gartenteich.

ALLE ZWEI TAGE Kontrollieren Sie den Wasserstand regelmäßig. Nicht selten muss alle zwei Tage Wasser nachgefüllt werden.

REGENWASSER Wasser aus der Regentonne oder einer Zisterne eignet sich ideal zum Auffüllen des Teichs, da es schon etwas abgestanden ist, meist eine geringe Wasserhärte hat und nichts kostet.

AKTIVKOHLE In Regionen mit stärkerer Luftverschmutzung sollte das Regenwasser nicht direkt in den Gartenteich geleitet werden, sondern zuerst über einen Filter mit Aktivkohle laufen. Die Kohle bindet Verunreinigungen und Schadstoffe.

Die richtige Härte Die meisten Teichfische fühlen sich in sehr weichem bis mittelhartem Wasser am wohlsten. Arten, die gelegentlich auch im Brackwasser leben, kommen mit jedem Wasser zurecht. Für die Wasserpflanzen ist das allerdings weniger empfehlenswert, weil viele am besten in sehr weichem bis hartem Wasser gedeihen. In sehr hartem Wasser kann es zu Wachstumsdepressionen und Kalkablagerungen auf den Blättern kommen.

Der Stickstoffkreislauf des Wassers

Wichtige Bakterien Abgestorbene Pflanzenteile, Fischexkremente und sich zersetzende Futterreste sorgen dafür, dass sich im Teichwasser Stickstoffverbindungen ansammeln. Einige dieser Stoffe, etwa Nitrat (NO_3) und Ammonium (NH_4), sind erst in relativ hoher Konzentration für die Fische giftig, andere, vor allem Ammoniak (NH_3) und Nitrit (NO_2), bereits in kleinen Mengen. In einem gut eingefahrenen und üppig mit Unterwasserpflanzen ausgestatteten Teich werden die giftigen Substanzen im Stickstoffkreislauf sehr rasch abgebaut und stellen so keine Gefahr dar. Ammonium wird durch *Nitrosomonas*-Bakterien in Nitrit umgewandelt. In sauerstoffreichem Wasser bauen dann Bakterien der Gattung *Nitrobacter* das toxische Nitrit sofort zum wesentlich harmloseren Nitrat ab. Das Nitrat wird von den Pflanzen als Nährstoff aufgenommen und in ihren Stoffwechsel eingebaut.

Laub und Mulm entfernen Als Teichbesitzer können Sie selbst dazu beitragen, die unliebsamen Stickstoffverbindungen im Wasser zu reduzieren.

Regen- und Zisternenwasser ist ideal zum Auffüllen des Teichs, weil es eine gute Qualität aufweist, die sich positiv auf das Wohlbefinden der Fische auswirkt.

So sollte man sowohl Laub, das in den Teich gefallen ist, wie auch größere Mulmansammlungen am Teichgrund möglichst schnell entfernen. Zur regelmäßigen, am besten wöchentlichen Kontrolle des Nitrit-Nitrat-Gehalts empfehlen sich Teststreifen, wie sie der Fachhandel anbietet. Falls Sie bei einer Messung einen deutlich erhöhten Nitritwert feststellen, muss der Teich im Zuge der »Ersten Hilfe« kräftig durchlüftet werden. Darüber hinaus sollten Sie aber unbedingt auch einen großzügigen Teilwasserwechsel vornehmen, um die Konzentration des Nitrits zu verringern.

Dekorationsobjekte

Wie die Pflanzen sind die Steine, Schieferplatten, Wurzelhölzer und auch das Bodensubstrat im Gartenteich kein schmückendes Beiwerk, sondern erfüllen verschiedene Funktionen. Sie dienen zum Beispiel als Verstecke oder werden als Laichsubstrat benutzt. Für das Wohlbefinden der Fische haben sie große Bedeutung. Darüber hinaus verleihen sie dem Teich sein naturnahes Aussehen.

Selbst gemischtes Bodensubstrat

Das Bodensubstrat dient einer Reihe von Fischarten als Laichplatz und ist gleichzeitig Standort

und Nährstoffquelle der Pflanzen. Ein für die meisten Pflanzen geeignetes Bodensubstrat kann man ohne viel Aufwand aus 95 Prozent grobkörnigem Sand und 5 Prozent fein ausgesiebter Gartenerde selbst mischen. Das Gemisch wird als 10 bis 15 cm hohe Schicht über den gesamten Teichboden verteilt. Um das Aufschwemmen feinster, das Wasser trübender Partikel weitgehend zu verhindern, sollte das Sand-Erde-Gemisch mit einer zwei bis fünf Zentimeter hohen Kiesschicht mit einer Korngröße von vier bis sechs Millimetern bedeckt werden.

Steingarten auf dem Teichgrund

Steine sind so etwas wie die Klassiker unter den Deko-Objekten. Es gibt sie in den unterschiedlichsten Formen und Größen. Nicht verwenden sollten Sie Exemplare mit Einschlüssen an der Oberfläche oder scharfen Kanten, an denen sich die Fische verletzen können. Wer Steine auf dem Teichboden zu einem kleinen Haufen oder einem Plattenbau aufschichtet, muss dabei unbedingt auf die Stabilität achten. Ansonsten kann es nämlich schnell passieren, dass das Bauwerk den Fischen im wahrsten Sinne des Wortes auf den Kopf fällt, wenn sie hier im Bodensubstrat gründeln. Wenn sich Ihr Teichwasser bei einem pH-Wert von höchstens 7,0 einpendeln soll, dürfen Sie kein kalkhaltiges Gestein zum Dekorieren benutzen, weil sonst der pH-Wert in den alkalischen Bereich verschoben wird.

Das Bodensubstrat erfüllt mehrere wichtige Funktionen im Teich, zum Beispiel als Laichplatz und als Nährstoffquelle für die Wasserpflanzen.

Wurzelhölzer eignen sich hervorragend als Dekorationsgegenstände. Sie sollten aber regelmäßig kontrollieren, dass sich daran keine Fäulnis bildet.

Steine gehören zu den Klassikern unter den Dekorationsgegenständen. Für den Teich bieten sich Steine in unterschiedlichen Farben und Formen an.

Wurzelhölzer vorher wässern

Seit etwa 20 Jahren werden Wurzelhölzer als Dekoration der Unterwasserlandschaft des Gartenteichs zunehmend beliebter. Neben Moorkien-, Eichen- und Erlenwurzeln eignen sich dafür auch alte und trockene Weinstöcke und Mopaniholz. Mopaniholz stammt aus Afrika und ist im Zoohandel erhältlich. Wurzelhölzer, die Sie zum Beispiel am Bachufer oder in einem Torfstich selbst ausgraben, sollten vor dem Einsetzen in den Teich unbedingt zwei bis drei Wochen in einem möglichst großen Behälter gewässert werden, wobei das gesamte Wasser mindestens einmal pro Tag durch frisches ersetzt werden muss. Diese zugegeben etwas aufwendige Prozedur sorgt dafür, dass die Wurzeln große Mengen an Humin- und Gerbstoffen abgeben, die sonst zu einer unerwünschten übermäßigen Versauerung des Teichwassers führen können. Am Anfang schwimmen die Wurzelhölzer oft an der Oberfläche des Behälters, weil sie noch nicht genügend Wasser aufgenommen haben. Um diesen Prozess zu

beschleunigen, beschwert man die Hölzer am besten mit einigen großen Steinen. In den meisten Fällen nehmen die Wurzeln dann innerhalb der folgenden sieben bis zehn Tage so viel Wasser auf, dass sie schließlich am Boden liegen bleiben. Die im Gartenteich eingesetzten Wurzelhölzer sollten Sie einmal pro Jahr herausnehmen und auf eventuelle Fäulnisstellen kontrollieren.

Schiefer schafft Schwimmraum

SCHIEFERPLATTEN Schiefer ist ein weiches Gestein, das meist in Plattenform angeboten wird.

FREIRAUM FÜR FISCHE Zwischen den Pflanzen ausgelegte Schieferplatten sorgen für freien Schwimmraum, den die Fische gerne nutzen.

RÄNDER GLÄTTEN Scharfkantige Plattenränder sollten vorher gründlich abgeschliffen werden.

Kein Gartenteich ohne Wasserpflanzen

Wasserpflanzen erfüllen mehrere Funktionen und sind für den Gartenteich lebenswichtig: Sie liefern Sauerstoff, säubern und entgiften das Wasser und bieten den Fischen Laichplätze und Nahrung.

Sauerstoff für die Fische

Die Chemie der Fotosynthese Beim Stichwort Fotosynthese denkt man oft nur daran, dass die Pflanzen mit ihrem Blattfarbstoff, dem Chlorophyll, Sauerstoff produzieren. Das ist aber nur die halbe Wahrheit. Die Fotosynthese läuft nämlich in zwei Phasen ab, der Licht- und der Dunkelreaktion. Die Lichtreaktion findet tagsüber statt, und hier wird tatsächlich ein enormer Überschuss an Sauerstoff produziert, der ins Wasser beziehungsweise in die Atmosphäre abgegeben wird. Während der nächtlichen Dunkelreaktion verbrauchen die Pflanzen hingegen immer etwas Sauerstoff. Allerdings bleibt in einem gut bepflanzten Teich stets noch genug Sauerstoff für die Fische und alle anderen Kiemen besitzenden Wasserbewohner übrig. Darüber hinaus ist der Sauerstoffbedarf der meisten Fische in den Nachtstunden geringer, weil sie schlafen oder zumindest ruhen und ihr Stoffwechsel nicht auf »vollen Touren« läuft. Hinzu kommt, dass die Temperatur des Wassers nachts in der Regel um einige Grad sinkt und es aufgrund der dadurch erhöhten Sättigungskapazität vermehrt atmosphärischen Sauerstoff aufnehmen kann.

Viel Licht Einige ganzjährig grüne Pflanzenarten wie der Gemeine Tannenwedel *Hippuris vulgaris* (→ Seite 16) produzieren sogar dann noch reichlich Sauerstoff, wenn sich im Winter eine dünne, lichtdurchlässige Eisschicht auf dem Teich gebildet hat. Damit die Unterwasservegetation ausreichend Licht für die Fotosynthese erhält, darf nicht mehr als ein Drittel der Wasseroberfläche von Seerosen- oder Schwimmpflanzenblättern bedeckt sein. Da diese Pflanzen in den Sommermonaten üppig wachsen,

Wasserpflanzen wie diese Seerosen entziehen dem Teich viele gelöste Nährstoffe.

muss ein Teil ihrer Blätter regelmäßig entfernt werden. Gleichzeitig sollten zu dichte Bestände ausgedünnt werden, wie sie zum Beispiel beim Harten Hornkraut oder der Kanadischen Wasserpest entstehen können. Harken Sie mit einem Rechen mehrmals durch die Pflanzen und entfernen Sie alles, was sich zwischen den Zinken verfangen hat.

Produktion von Biomasse Die Freisetzung von Sauerstoff ist nicht die Hauptaufgabe der Fotosynthese. Vielmehr sorgt sie in erster Linie dafür, dass Biomasse produziert wird – unter anderem durch das Wachstum und die Vermehrung der Pflanzen.

Pflanzen halten das Wasser sauber

Pflanzen entziehen dem Wasser neben überschüssigen Nitraten (→ Seite 9) auch andere Nährstoffe und Spurenelemente. Sie leisten damit einen wichtigen Beitrag zur Säuberung des Wassers, da Phosphate und andere gelöste Substanzen die Wasserqualität verschlechtern und die explosionsartige Vermehrung von Grünalgen begünstigen, die als watteähnliche Beläge Deko-Objekte und Pflanzen überwuchern oder das Wasser grün färben. Verursacht wird die Grünfärbung von mikroskopisch kleinen Algen, die in ungeheuren Stückzahlen frei im Wasser schweben. Eine weitere wasserklärende Eigenschaft der Pflanzen besteht darin, dass sie Mulm fast magisch anziehen, der sich dann oft in großen Mengen an den Stängelansätzen sammelt.

Laichplätze und Nahrung

Viele Fische, aber auch Molche und andere Teichbewohner legen ihren Laich an den Pflanzen ab. Besonders bemerkenswert ist das Ablaichverhalten der Drei- und Neunstacheligen Stichlinge, die sich nicht damit begnügen, die Eier einfach nur an Pflanzen zu heften. Vielmehr bauen die Männchen

Die zarten Triebe des Tannenwedels und zahlreiche andere Unterwasserpflanzen dienen den Fischen sowohl als Nahrung als auch als Laichplatz.

ihre kugel- oder röhrenförmigen Nester aus Pflanzenpartikeln, die sie mit Nierensekret verkleben. Die meisten Fische im Teich ernähren sich auch von den Pflanzen und decken so unter anderem ihren Bedarf an Vitaminen und Spurenelementen. Deshalb sollte der Gartenteich immer einige zartblättrige Pflanzen und Grünalgen enthalten, die oft auf den Steinen kleine Bestände bilden.

Pflanzenliebhaber Wer eine Gruppe Rotfedern (*Scardinius erythrophthalmus*) halten möchte, muss den Fischen einen sehr großen Teich mit üppiger Unterwasserflora zur Verfügung stellen. Rotfedern sind absolute Pflanzenliebhaber, bei denen zarte Wasserpflanzen hoch im Kurs stehen und täglich in beachtlichen Mengen abgeweidet werden. In einem kleinen Gartenteich mit geringer Vegetation würden die Fische bereits innerhalb weniger Tage einen totalen Kahlschlag verursachen.

Einsetzen und Pflegen der Teichpflanzen

Wer beim Einsetzen einige wenige Regeln beachtet und die Bestände regelmäßig pflegt, hat über viele Jahre Freude an den Pflanzen seines Gartenteichs.

Einsetzen

Die meisten winterharten Unterwasser- und Uferpflanzen sind Stauden. Theoretisch könnten sie bei frostfreiem Wetter während des ganzen Jahres gepflanzt werden, in der Praxis setzt man sie aber in der Regel immer im Frühjahr oder Herbst ein.

Wasser für die Wurzeln Falls Sie Ihren Teich neu einrichten oder ganz umgestalten, sollten Sie darauf achten, dass die Pflanzen nicht trocken eingesetzt werden, sondern sich 10 bis 15 cm Wasser über dem Bodensubstrat befinden. In zu trockener Umgebung können die äußerst empfindlichen Wurzeln der Teichpflanzen geschädigt werden.

Seerosen-Sorten Bei Seerosen gibt es Sorten mit kriechenden und stationären Wurzelstöcken. Die stationäre Sorte wird senkrecht in eine zuvor aus-

Bei den meisten Unterwasser- und Uferpflanzen handelt es sich um Stauden. Beim Einsetzen der Pflanzen dürfen die empfindlichen Wurzeln nie längere Zeit ohne Wasser sein.

gehobene Pflanzgrube gesetzt, die man danach mit Bodensubstrat auffüllt. Die kriechenden Seerosen legt man waagerecht in eine flache Mulde im Boden und deckt sie mit etwas Substrat ab. Wenn Sie selbst Jungpflanzen der kriechenden Sorten nachziehen möchten, müssen sie nur die hinteren Enden der Wurzelstöcke abschneiden. Bei der stationären Variante wird der gesamte Wurzelstock senkrecht in zwei oder mehr Stücke zerteilt. In ähnlicher Weise lassen sich auch die meisten anderen Gartenteich-Stauden vermehren.

Pflanzengruppen In den Pflanzengruppen des Teichs sollte man keine extrem wuchsfreudige Art wie den Breitblättrigen Rohrkolben *(Typha latifolia)* neben einem konkurrenzschwachen Exemplar wie dem Pillenfarn *(Pilularia globulifera)* platzieren. Die ungünstige Nachbarschaft führt dazu, dass die wuchsfreudige Pflanze die schwächere über kurz oder lang verdrängt. Annähernd gleich starke Arten halten sich weitgehend gegenseitig »in Schach«.

Pflanzenpflege

Auslichten Wichtigste Pflegemaßnahme des Teichbesitzers ist das regelmäßige Auslichten zu üppiger Pflanzenbestände. Die am Ufer stehenden Arten können alle zwei bis drei Jahre maßvoll gedüngt werden. Dabei muss man darauf achten, dass der Regen keinen Dünger in den Teich spült. Es empfiehlt sich, die verwelkten Blüten der Uferpflanzen zu entfernen, wie etwa die der Dreimasterblume *(Tradescantia virginiana)*. Das sorgt bei vielen Pflanzen dafür, dass sie neue Blüten treiben.

Frostschutz Wenn das Laub der Uferstauden im Herbst verwelkt ist, schneidet man es knapp über dem Boden ab und benutzt es als Abdeckmaterial für nicht völlig winterharte Pflanzen wie Houttuyn's Eidechsenschwanz *(Houttuynia cordata)*.

Das ist **wichtig beim Pflanzenkauf**

TIPPS VOM
TEICH-EXPERTEN
Axel Gutjahr

GESUNDE PFLANZEN Auch wenn es sich eigentlich von selbst versteht: Kaufen Sie nur kräftige Teichpflanzen ohne welke Blätter, Beschädigungen oder Krankheitssymptome.

CONTAINERPFLANZEN Bei Containerware, also Pflanzen in Blumentöpfen, darf das Bodensubstrat nicht völlig ausgetrocknet sein. Selbst wenn solche Pflanzen noch recht vital erscheinen, können ihre Wurzeln bereits geschädigt sein.

WURZELN IM WASSER Wurzelnackte Pflanzen sollten sich in einem Wasserbehälter befinden.

SEEROSEN Bei Seerosen-Schnittlingen müssen die Schnittstellen desinfiziert sein. Anderenfalls siedeln sich schnell schädliche Bakterien und Pilze an und lassen die Seerosen absterben.

HEIMTRANSPORT Bringen Sie die Pflanzen in einer Plastiktüte nach Hause. Bei wurzelnacktem Pflanzgut gibt man etwas Wasser in den Beutel.

SOFORT EINSETZEN Die neuen Pflanzen sollten nicht erst gelagert, sondern möglichst sofort in den Gartenteich eingesetzt werden.

Teichpflanzen im Porträt

Alle sechs Arten gehören zu den beliebtesten und pflegeleichtesten Pflanzen für den Gartenteich.

1 Kanadische Wasserpest

Die Kanadische Wasserpest *(Elodea canadensis)* stammt aus Nordamerika und ist ausgesprochen wuchsfreudig. Ihren Namen verdankt sie der Tatsache, dass sich selbst winzigste Stängelbruchstücke zu kompletten Pflanzen regenerieren können. Die Kanadische Wasserpest bleibt ganzjährig grün und entzieht dem Wasser große Mengen an überschüssigen Nährstoffen. Sie fühlt sich bei einem pH-Wert von 7,0 und darüber besonders wohl.

2 Spiegelndes Laichkraut

Das Spiegelnde Laichkraut *(Potamogeton lucens)* sollte man mindestens 50 cm unter der Wasseroberfläche einsetzen. Im Frühjahr bilden sich die Laubblätter, zunächst noch in binsenähnlicher Form. Erst später nehmen sie das typische, schmalovale Aussehen an. Das Spiegelnde Laichkraut hat einen sehr hohen Nährstoffbedarf und entzieht dem Teichwasser täglich große Mengen an gelösten Substanzen.

3 Krebsschere

Die auch Wasseraloe genannten Krebsscheren *(Stratiotes aloides)* überdauern als trichterförmige Blattrosetten den Winter am Teichgrund. Im Frühjahr kommen die Rosetten an die Wasseroberfläche und entwickeln sich zu kompletten Pflanzen, die dann bis zum Spätsommer dichte Bestände bilden. Auf eine stärkere Absenkung des Wasserspiegels reagiert die Krebsschere sehr empfindlich.

4 Brasilianisches Tausendblatt

Das Brasilianische Tausendblatt *(Myriophyllum aquaticum)*, wegen seiner filigranen Blätter auch Papageienfeder genannt, sollte 70 cm tief im Teich sitzen. Die Pflanze ist wuchs- und vermehrungsfreudig, aber nicht völlig winterhart. Im Herbst sollte man sie herausnehmen und in einem Aquarium überwintern, das in einem sehr hellen Raum steht.

5 Gemeiner Tannenwedel

Der Gemeine Tannenwedel *(Hippuris vulgaris)* ist ein hervorragender Wasserreiniger. Er bildet bis zu drei Meter lange Stängel, deren obere Enden kleinen Tannen ähneln und bis zu 25 cm über die Wasseroberfläche hinausragen können.

6 Hartes Hornkraut

Das Raue oder Harte Hornkraut *(Ceratophyllum demersum)* zählt zu den häufigsten Unterwasserpflanzen. Bevor es im Spätherbst abstirbt, bilden sich stärkereiche Endknospen (Turionen), die zum Grund sinken und überwintern.

Überwintern von Wasserhyazinthen

AUGENWEIDE Ihre schönen Blätter machen die nicht winterharte Wasserhyazinthe *(Eichhornia crassipes)* zu einer sehr beliebten Teichpflanze.

UMSETZEN Im Herbst kommen die Pflanzen in eine Schale mit lehmhaltiger Erde und Wasser.

WINTERQUARTIER Stellen Sie die Schale in einen hellen und frostfreien Raum.

Die Technik für Ihren Gartenteich

Der Fachhandel bietet ein sehr breit gefächertes Sortiment an technischem Zubehör für den Gartenteich an. Vor allem Einsteigern fällt es oft schwer, aus dieser Fülle die für ihre Bedürfnisse passende

Auch für sehr naturnah wirkende Teiche ist oft ein Minimum an Technik erforderlich. Sie trägt dazu bei, dass das Wasser immer klar ist.

»Basistechnik« auszuwählen. Natürlich kann man sich schon zu Beginn weitere technische Helfer zulegen, die die Pflege des Gartenteichs erleichtern.

Filter-Pumpe-Kombination

Leistungsstarke Kombination Ein Teich mit Fischen oder Schmuckschildkröten braucht eine leistungsstarke Filter-Pumpe-Kombination. Die Pumpe erzeugt eine Wasserströmung, die Mulm, Exkremente und Schmutzpartikel zum Filter transportiert. Der Filter reinigt das Wasser, das dann wieder in den Teich zurückströmt.

Wartungsfreundlicher Außenfilter Kamen früher noch relativ oft Unterwasserfilter zum Einsatz, entscheiden sich die meisten Teichbesitzer heute für einen Außenfilter – und das zu Recht. Zum einen handelt es sich bei Unterwasserfiltern meist um leistungsschwächere Geräte, zum anderen erweisen sie sich als wenig wartungsfreundlich. So muss dieser Filtertyp zum Reinigen jedes Mal aus dem Teich genommen werden, was mit viel »Matscherei« verbunden ist. Im Vergleich dazu ist ein Außenfilter wesentlich wartungsfreundlicher. Er besteht aus einer oder mehreren Filterkammern, in denen sich Bürsten, Schaumstoffschwämme und andere Filterfüllmaterialien, wie etwa Granulat, befinden. Die Bürsten und Schwämme dienen hauptsächlich zur Grobreinigung des Wassers und fangen die Schwebstoffe ab. Die Füllmaterialien bieten den Lebensraum für zahllose Mikroorganismen, die das Wasser auf biochemische Weise säubern, indem sie zum Beispiel das für Fische sehr giftige Nitrit in Nitrat umwandeln.

Filter mit UV-Wasserklärer Seit ein paar Jahren sind auch Filteranlagen mit integrierten UV-Wasserklärern auf dem Markt. Sie bekämpfen Krankheitskeime, aber auch mikroskopisch kleine Algen, die das Teichwasser häufig völlig grün färben.

Skimmer

Als Ergänzung zum Filter leistet ein Skimmer gute Dienste bei der Reinhaltung des Wassers. Das rohrähnliche, von einer Pumpe angetriebene Gerät wird im Teich platziert und saugt an der Oberfläche schwimmende Partikel wie Blütenstaub und Laub an und leitet sie dem Filter zu.

Eisfreihalter

Bei kleinen oder flachen Gartenteichen ist ein Eisfreihalter nützlich. Bei strengem Frost besteht hier die Gefahr, dass der Teich bis zum Grund durchfriert und die Fische sterben. Der aus unterschiedlich harten Styroporschichten bestehende Eisfreihalter ähnelt einer Frisbee-Scheibe, was ihn leider nicht zur optischen Bereicherung eines naturnahen Gartenteichs macht. Er erfüllt aber eine wichtige Aufgabe, indem er das völlige Zufrieren der Teichoberfläche verhindert und dafür sorgt, dass auch im Winter ein ständiger Gasaustausch zwischen Wasser und atmosphärischer Luft stattfindet.

Überlaufstutzen

Ein nahe am Ufer installierter Überlaufstutzen verhindert, dass der Teich bei starkem Regen übers Ufer tritt. Dabei handelt es sich um ein Abflussrohr, das einige Zentimeter aus dem Wasser herausragt. Ein feinmaschiges Gitter auf der Öffnung sorgt dafür, dass keine Fische oder Gegenstände ins Rohr gelangen. Das untere Ende des Rohrs sollte in eine Zisterne oder die Kanalisation münden. Damit der Überlaufstutzen nicht wie ein Fremdkörper im Teich wirkt, kann man Natursteine so gruppieren, dass er fast unsichtbar ist. Zwischen den Steinen müssen Spalten bleiben, damit das Wasser in den Stutzen laufen kann. Als zusätzliche Sichtbarriere eignet sich auch ein Schilf- oder Rohrkolbengürtel.

1 Mit einem Seerosenblatt-Cutter lassen sich weit vom Teichrand befindliche Schwimmblätter gut entfernen und Pflanzenbestände ausdünnen.

2 Eisfreihalter sollten erst Ende Herbst im Teich installiert und dann im Frühjahr wieder entfernt werden, weil sie zwischen grünen Pflanzen störend wirken.

3 Mit einem Kescher lassen sich nicht nur Fische fangen, sondern auch abgelöste und im Wasser schwebende Pflanzenblätter problemlos entfernen.

4 Für den Bau des Überlaufstutzens sollten Sie stabile und wartungsarme Plastikrohre, keinesfalls aber korrosionsanfällige Metallrohre verwenden.

Die wichtigsten Hilfsgeräte

Neben der technischen Ausstattung (→ Seite 18) brauchen Sie die folgenden Gerätschaften, um den Gartenteich ordentlich bewirtschaften zu können.

Kescher

Kescher sind zweifelsfrei die wichtigsten und am häufigsten benutzten Hilfsutensilien für den Teichbesitzer. Entscheiden Sie sich beim Kauf für große Modelle mit tiefen Netzen. Mit einem Kescher, dessen Öffnung nur einen Durchmesser von 20 cm oder sogar weniger aufweist, fällt es sehr schwer,

Fische aus dem Teich zu fangen. Besonders empfehlenswert ist ein Kescher mit Teleskopstiel. Der ausziehbare Stiel lässt sich je nach benötigter Reichweite stufenlos einstellen.

Eimer

Für sämtliche Arbeiten im und rund um den Teich sollten grundsätzlich zwei bis drei Plastikeimer bereitstehen. Wenn Sie Eimer benutzen, die nicht ausschließlich für den Gartenteich reserviert sind, sollten Sie unbedingt darauf achten, dass in ihnen

Damit das Teichwasser immer klar bleibt, ist häufig eine leistungsstarke Pumpe-Filter-Kombination erforderlich, die regelmäßig gewartet werden muss.

niemals Düngemittel, Chemikalien oder Schadstoffe transportiert werden. Wenn Sie nicht sicher sind, was vorher in einem Eimer war, muss er gründlich mit Bürste und heißem Wasser gesäubert werden.

Thermometer

Vor allem in Teichen, in denen »Sommerfrischler« gepflegt werden (→ Seite 27), darf ein Thermometer nicht fehlen. Ab Ende August liest man dann einmal täglich die Temperatur ab, um den richtigen Zeitpunkt fürs Zurücksetzen der Fische ins Aquarium nicht zu verpassen: Sobald die Wassertemperatur mehrmals unter 15–17 °C sinkt, wird es Zeit, die Sommerfrischler aus dem Teich zu fangen. Ein Thermometer erweist sich aber auch für Teiche mit »normalem« Fischbesatz als sinnvoll, um beispielsweise an sehr heißen Tagen die Temperatur zu kontrollieren und gegebenenfalls Maßnahmen einzuleiten, die sich positiv auf das Wohlbefinden der Fische auswirken – indem man etwa die Leistung der Pumpe erhöht, damit das Wasser im Teich besser zirkuliert. Und nicht zuletzt benutzt man das Thermometer auch beim Eintemperieren neuer Fische und überprüft, ob die Wassertemperatur im Transportbeutel und im Gartenteich übereinstimmt.

Geräte zur Pflege der Pflanzen

Vervollständigt werden Ihre Gerätschaften für den Gartenteich durch einen Rechen, ein scharfes Messer und eine Gartenschere. Verwendet werden sie hauptsächlich bei der Pflege der Teichpflanzen. Messer und Schere benötigt man, um üppig wachsende Seerosen und die Bestände von Schilf- und Rohrkolben zurückzuschneiden. Mit dem Rechen dünnt man nicht nur die Unterwasserpflanzen aus (→ Seite 13), sondern auch zarte Uferpflanzen. Achten Sie an Folienteichen darauf, dass die Zinken des Rechens nicht die Folie durchlöchern. Der Fachhandel bietet spezielle Cutter für die Seerosen an, mit denen man überzählige oder abgestorbene Seerosenblätter entfernen kann, die sich weit weg vom Ufer befinden. Der Cutter zeichnet sich durch eine Auffangplatte aus, die unter der Schneidevorrichtung sitzt. Ähnlich wie beim Kescher sollte man sich für einen Seerosenblatt-Cutter entscheiden, der an einem Teleskopstiel montiert ist. Damit erreicht man dann auch jeden Punkt im Teich.

Ein **Fischbehälter** für alle Fälle

GENERALREINIGUNG Beim Großreinemachen wird in der Regel das gesamte Wasser aus dem Gartenteich abgelassen.

UMQUARTIEREN Zwangsläufig müssen auch die Fische für einige Zeit ausziehen.

»HOTEL« REGENTONNE Eine saubere Regentonne bietet sich als vorübergehendes Quartier für die Fische an.

MÖRTELMULDE Ebenfalls gut geeignet für den kurzzeitigen Aufenthalt der Teichbewohner ist eine Mörtelmulde aus Plastik aus dem Baumarkt.

QUARANTÄNESTATION Ein Extrabehälter ist auch dann sinnvoll, wenn Fische in Quarantäne kommen oder kranke Exemplare ein paar Tage lang medikamentös behandelt werden sollen.

Anatomie und Sinne

Seitenlinie

DRUCKWELLENEMPFÄNGER
Das Seitenlinienorgan der Fische besteht aus kleinen Kanälen mit Nervenendigungen, die jede Druckwelle und Vibration registrieren. Die Kanäle verlaufen unter einer Reihe fein durchlöcherter Schuppen vom Kopf bis zum Schwanz.

Kiemendeckel

ATEMKLAPPEN Die flachen und relativ großflächigen Kiemendeckel haben zwei Aufgaben: Sie schützen die empfindlichen Kiemen vor mechanischen Einwirkungen und sorgen durch klappenartige Bewegungen dafür, dass das Kiemenwasser wieder nach außen gedrückt wird. Die Fische nehmen Wasser durch ständiges Öffnen und Schließen des Mauls auf. Über den Rachenraum gelangt es zu den Kiemen, die den Sauerstoff binden und gleichzeitig das überschüssige Kohlendioxid ans Wasser abgeben.

Schuppen

SCHUTZKLEID Die Schuppen bedecken den größten Teil des Fischkörpers und schützen ihn vor mechanischen und chemischen Einflüssen. Der Schleimfilm auf den Schuppen verringert den Schwimmwiderstand.

Flossen

FISCHMOTOR Mit den Flossen stabilisert der Fisch seinen Körper im Wasser und kann mit ihrer Hilfe sowohl vorwärts als auch rückwärts schwimmen. Manche Fischarten setzen ihre Flossen auch während der Balz und als Hilfsorgane bei der Paarung ein.

Augen

ALLES IM BLICK
Die meisten Fische haben ein sehr gutes Sehvermögen. Das Fischauge zeichnet sich durch eine starre Linse aus. Die Sehschärfe wird über spezielle Muskeln eingestellt, mit denen die Linse zur Netzhaut gezogen wird.

Maul

ATMEN UND FRESSEN Über ihr Maul nehmen Fische sowohl die Nahrung als auch Wasser auf, das unter anderem den zur Atmung notwendigen Sauerstoff enthält. Für fast alle Fischarten sind die mehr oder weniger wulstigen Lippen charakteristisch, auf denen sich zahlreiche Sinneszellen befinden.

Barteln

TASTORGANE Barteln sind nur für bestimmte Fischarten typisch, zum Beispiel für Welse und Karpfen. Barteln sind fadenförmige, fleischige Anhängsel des Fischmauls, die mit hochempfindlichen Sinnes- und Geschmackszellen ausgestattet sind. Sie erleichtern es den Fischen, auch nachts und in trübem Wasser Nahrung aufzustöbern.

23

Alles über Teichfische

Einige Grundkenntnisse über Wasserkunde, Technik, Einrichtung und Bepflanzung des Gartenteichs sollten Sie haben, bevor Sie sich konkrete Gedanken um Auswahl und Kauf der Fische machen. Vermeiden Sie dabei vor allem den typischen Anfängerfehler, indem Sie nicht zu viele Fische in Ihren Teich setzen.

Gruppe, Pärchen oder solo?

Viele Teichbesitzer kaufen Fische nur paarweise. Ob es sich tatsächlich um Paare handelt, kann man aber oft nicht beurteilen, weil sich die Geschlechter bei vielen Fischarten außerhalb der Laichzeit kaum auseinanderhalten lassen. Und bei jungen und halbwüchsigen Fischen ist es fast unmöglich.

Geborgen in der Gruppe

Die meisten Vertreter aus der Familie der Karpfenfische *(Cyprinidae)* fühlen sich erst richtig wohl, wenn sie in einer kleinen Gruppe mit mindestens vier bis fünf Tieren gehalten werden. Die Gruppe gibt den Fischen Sicherheit, und der enge Sozialkontakt mit den Artgenossen verhindert Stress. Werden dagegen gemeinschaftsfixierte Arten fälschlicherweise ohne Artgenossen gehalten, kann es zu Verhaltensanomalien kommen. So beginnen beispielsweise einzeln gepflegte und daher stark gestresste Gründlinge *(Gobio gobio)*, die sich als Gruppe normalerweise sehr friedlich verhalten, andere Fischarten zu attackieren.

Pärchen und Einzelgänger

Unter den Gartenteichfischen leben manche Arten aber auch paarweise oder in einem kleinen Harem (mit einem Männchen und zwei bis fünf Weibchen). Zu diesen Vertretern gehört beispielsweise der Gemeine Sonnenbarsch *(Lepomis gibbosus)*. Darüber hinaus gibt es Fische, die als Einzelgänger die meiste Zeit des Jahres den Kontakt zu ihren Artgenossen meiden und nur zur Laichzeit nach einem Partner suchen. Ein solcher einzelgängerisch lebender Fisch ist der Streber *(Zingel streber)*, bei dem es sich um eine vornehmlich bodenlebende Art handelt, die ausschließlich in der Donau und ihren Nebenflüssen vorkommt.

Das ist beim Einsetzen der Fische wichtig

Nicht wenige Teichbesitzer starten mit viel zu vielen Fischen in einer Anlage mit sehr wenigen Wasserpflanzen. Die hohe Besatzdichte führt bei den meisten Fischen zum Dauerstress, der ihr Immunsystem schwächt und sie krankheitsanfällig macht. Darüber hinaus haben Fische, die ständig unter Stress stehen, Wachstumsprobleme und zeigen fast nie ihre volle Farbenpracht. Im Extremfall kommt es dann auch zu Verhaltensstörungen.

Wie viele Fische für meinen Teich?

Um Stress- und Krankheitsprobleme im Gartenteich von Beginn an zu vermeiden, muss der Fischbesatz richtig berechnet werden.

› Am einfachsten gelingt die Berechnung mit dieser Orientierungshilfe: Für einen Fisch von 10 cm Länge, zum Beispiel ein ausgewachsenes Moderlieschen, kalkuliert man ein Wasservolumen von mindestens 50 bis 60 Liter ein. Für einen 25 bis 30 cm großen Fisch, etwa einen mittelgroßen Katzenwels, genügt es nun aber nicht, das oben genannte Volumen mit dem Faktor 2,5 oder 3 zu multiplizieren. Da der Wels erheblich mehr als das Dreifache des Moderlieschens wiegt, muss man hier zusätzlich den Faktor 4 in die Berechung einsetzen. Der Katzenwels braucht danach 60 Liter × 2,5 × 4 = 600 Liter Wasser.

› Neben der Körpergröße spielt die Bewegungsaktivität der Fische bei der Berechnung eine Rolle. Für Elritzen und ähnlich schwimmfreudige Arten sollte das Verhältnis von Teichlänge zur Teichbreite zur Körperlänge des Fischs in etwa 10 : 5 : 1 betragen. Weniger bewegungsaktive Arten, wie Farbschleien, geben sich mit kleineren Teichen zufrieden, hier genügt ein Verhältnis von 8 : 4 : 1.

› Beziehen Sie beim Einsetzen halbwüchsiger Fische die Körpergröße der ausgewachsenen Exemplare in die Berechnung ein. So vermeidet man, dass der Fischbesatz später wieder verringert werden muss.

In kleineren Gartenteichen lassen sich im Sommer auch verschiedene Aquarienfische gut pflegen.

Die Streifenhechtlinge bieten sich als »Sommerfrischler« für kleine Gartenteiche an. Die Art mag es, wenn es Schwimmpflanzen auf dem Teich gibt.

Der Floridakärpfling lässt sich im Sommer ebenfalls gut in kleineren Teichen pflegen und zeigt dann oft eine noch kräftigere Färbung als im Aquarium.

Sommerfrischler im Gartenteich

Während des Sommers kann man auch tropische Fischarten im Gartenteich pflegen. Den Fischen bekommt die Sommerfrische oft so gut, dass aus ihnen bis zum Herbst, wenn sie den Teich wieder verlassen müssen, regelrechte Prachtexemplare geworden sind. Verantwortlich für diese positive Entwicklung sind vor allem die ständig wechselnden natürlichen Umwelteinflüsse, die sich in einem Aquarium nicht simulieren lassen. Außerdem ist das Wasservolumen der meisten Gartenteiche um ein Vielfaches größer als das im Aquarium und bietet den Fischen wesentlich mehr Schwimmraum.

Natürlicher Sichtschutz Falls Sie Streifenhechtlinge (Aplocheilus lineatus) oder andere Sommerfrischler einsetzen, die sich bevorzugt unter der Oberfläche aufhalten, bieten ihnen die Blätter von Seerosen und anderen Schwimmpflanzen natürliche Deckung. Die Oberflächenfische fühlen sich hier nicht nur sicher, sondern legen oft auch ihren Laich an den Wurzeln der Schwimmpflanzen ab.

Empfehlenswerte Arten Zu den Tropenfischen, die sich besonders gut für den »Sommerurlaub« in einem Gartenteich eignen, gehören neben dem Streifenhechtling der Floridakärpfling (Jordanella floridae), der Kardinalfisch (Tanichthys albonubes), der Paradiesfisch (Macropodus opercularis), die Prachtbarbe (Puntius conchonius) und der Zebrabärbling (Danio rerio).

Praxistipps für **Sommerfrischler**

NICHT ZU GROSS Sommerfrischler sollten nur in Gartenteichen mit maximal 3 m³ Wasservolumen gehalten werden, in denen die Unterwasserpflanzen in Kübeln platziert sind.

PRAXISGERECHT Aus solchen Teichen kann man die Pflanzkübel im Frühherbst problemlos herausnehmen, um dann die Fische leichter zu fangen.

Auswahl und Kauf der Fische

Planen Sie für den Kauf der Fische für Ihren Garten-teich genügend Zeit ein und lassen Sie sich auch nicht von einem Verkäufer zur vorschnellen Ent-scheidung drängen. Das heißt aber nicht, dass man fachkundige Ratschläge und Praxistipps ignorieren sollte. Ganz im Gegenteil: Eine qualifizierte Bera-tung oder die »Fachsimpelei« über Ansprüche und Haltungsbedingungen einzelner Fischarten kann das eigene Wissen nur verbessern.

Jeden Fisch unter die Lupe nehmen

> Die Zoohandlungen locken immer wieder einmal mit attraktiven Sonderangeboten. Dann kosten bei-spielsweise zehn Goldfische von 4 cm Länge so viel wie zwei 10 cm große Exemplare. Solche Angebote darf man durchaus nutzen – vorausgesetzt, die Fische befinden sich in einwandfreiem Zustand, und in Ihrem Teich ist noch genügend Platz. Ande-renfalls sollten Sie lieber verzichten.

> Nicht selten findet man an bestimmten Fischen im Verkaufsaquarium Gefallen, weil sie zum Bei-spiel von Größe, Körperfärbung oder Flossenlänge genau Ihren Vorstellungen entsprechen. Dann soll-ten Sie immer darauf bestehen, dass Ihnen das Fachpersonal genau diese und nicht irgendwelche anderen Exemplare dieser Art herausfängt.

> Werden die Fische im Verkaufsraum der Zoo-handlung in wannenartigen Behältern gehalten, muss man sie von oben betrachten und kann ihren Zustand kaum beurteilen. In diesem Fall sollten Sie die Fische ganz genau unter die Lupe nehmen, sobald sie im Transportbeutel sind, und eventuelle Mängel oder Beschädigungen sofort reklamieren.

Sauerstoff gegen den Stress

In vielen Zoofachhandlungen gibt es Apparaturen, mit denen Sauerstoff in den Transportbeutel ge-presst werden kann. Durch das Umsetzen geraten die Fische unter erheblichen Stress, was ihre Atem-frequenz und damit den Sauerstoffbedarf drastisch

Plastiktüten besitzen keine starren Wandungen und eignen sich deshalb gut zum Transport von Fischen.

erhöht. Die zusätzliche »Sauerstoffdusche« wirkt sich daher sehr positiv auf die Tiere aus. Händler, die keinen Sauerstoffapparat besitzen, wollen häufig Atemluft in den Transportbehälter blasen. Das sollten Sie auf keinen Fall gestatten. Statt des Sauerstoffs gelangt dabei nämlich nur verbrauchte Atemluft in den Beutel, die eine fast 140-mal so hohe Konzentration an Kohlendioxid aufweist wie die atmosphärische Luft.

Heimtransport und Einsetzen

Transport Falls die Heimfahrt mit den neuen Fischen länger dauert, sollten Sie den Transportbeutel in eine Styroporbox legen, die sich mit einem Deckel verschließen lässt. Zum einen bleibt so die Wassertemperatur weitgehend konstant, zum anderen stehen die Fische in der dunklen Box weniger unter Stress.

Eintemperieren Bevor die Fische aus dem Transportbeutel in den Gartenteich entlassen werden, müssen Sie immer eine Eintemperierung vornehmen. Lassen Sie dazu den Beutel 30 bis 45 Minuten auf der Wasseroberfläche schwimmen, bis das Wasser im Beutel annähernd die Temperatur des Teichwassers angenommen hat. Wer trotz unterschiedlicher Temperaturen aufs Eintemperieren verzichtet, riskiert, dass seine Fische krank werden und zum Beispiel eine Schwimmblasenentzündung bekommen.

Ans Teichwasser gewöhnen Öffnen Sie jetzt den Transportbehälter und schöpfen Sie etwa alle drei Minuten etwas Teichwasser in den Beutel, bis er schließlich fast voll ist. Danach entlassen Sie die Fische in ihre neue Umgebung. Das behutsame Auffüllen des Beutels mit Teichwasser sorgt dafür, dass sie sich leichter und schneller an die Wasserverhältnisse im Gartenteich gewöhnen.

Checkliste für den Fischkauf

TIPPS VOM
TEICH-EXPERTEN
Axel Gutjahr

WIE VIELE? Die Anzahl der Fische richtet sich nach der Teichgröße. Legen Sie bei der Planung Größe und Gewicht der ausgewachsenen Fische zugrunde, nicht die Werte der Tiere beim Kauf.

HAUSFRIEDEN Werden sich die Neuerwerbungen und die Fische im Gartenteich vertragen?

GESUNDHEITSCHECK Vom Kauf zurücktreten sollten Sie, wenn die Fische des Händlers eines der folgenden Merkmale zeigen:

KÖRPER UND FLOSSEN Geschwüre, Parasiten oder weiße Pünktchen

AUGEN deutliche Trübungen

SCHUPPEN UND FLOSSEN Beschädigungen

MAUL ODER WIRBELSÄULE Verkrüppelungen

VERHALTEN Die Fische kippen häufig zur Seite.

KOT Weißer Kot ist ein Indiz für Darmprobleme.

Achten Sie darauf, dass sich keine toten Fische im Becken befinden oder das Wasser durch Medikamentenzusätze verfärbt ist.

Grundlagen der Ernährung der Fische

Teichfische kann man heute ausgewogen und artgerecht mit Fertigfutter ernähren, das alle wichtigen Nährstoffe, Vitamine und Mineralien enthält.

Anatomie und Physiologie des Verdauungstraktes

Der Verdauungstrakt der Fische gliedert sich in Vorder-, Mittel- und Enddarm. Die Fische nehmen die Nahrung durch die Maulöffnung auf, die durch die Lippe begrenzt wird. Die Lippe bildet zugleich den äußersten Teil des Vorderdarms. In der Maulhöhle befinden sich bei zahlreichen Arten Zähne, die aber nur zum Festhalten und Grobzerkleinern der Nahrung dienen. Zum echten Kauen sind Fische nicht in der Lage. Von der Maulhöhle gelangt die Nahrung in den Rachen, der sich zur Speiseröhre verjüngt.

Teichfische sollten immer ausgewogen und abwechslungsreich ernährt werden. Das ist wichtig für ihre Vitalität und Gesundheit.

Eine anatomische Besonderheit im Rachen zahlreicher Karpfenfische *(Cyprinidae)* ist der Karpfenstein. Das ist eine hornartige Platte am Schlunddach, mit der die Nahrung ähnlich wie mit einem Mühlstein zerkleinert wird. Den letzten Abschnitt des Vorderdarms bildet der Magen, der aber vielen Fischen fehlt. In diesem Fall übernehmen Abschnitte des Mitteldarms seine Funktionen, unter anderem das Sterilisieren und Aufquellen des Nahrungsbreis. Der Mitteldarm beginnt hinter dem Magen oder bei magenlosen Arten dort, wo sich die Ausführgänge von Bauchspeicheldrüse und Leber befinden. Beide Verdauungsdrüsen sondern ihre Sekrete in den Mitteldarm ab. Beim Gallensaft handelt es sich um ein Produkt der Leber, das in der Gallenblase nur zwischengespeichert und je nach Bedarf abgegeben wird. Leber- und Bauchspeicheldrüsensekrete schließen im Zusammenwirken mit Enzymen die Nahrung so weit auf, dass daraus niedermolekulare Verbindungen entstehen, die der Organismus durch die Darmwand resorbiert und in den Stoffwechsel integriert. Der Mitteldarm ist in Falten und Schlingen angeordnet, die seine Resorptionsfläche vergrößern. Pflanzenfressende Fische besitzen fast immer einen längeren Mitteldarm als Raubfische, da pflanzliche Nahrung weniger gehaltvoll und schwerer aufzuschließen ist als tierische. Damit der Nahrungsbrei den Mitteldarm gut passieren kann, ist dieser mit Schleimzellen ausgekleidet. An den Mitteldarm schließt sich der kurze Enddarm an. Er entzieht dem inzwischen nährstoffarmen Verdauungsbrei das überschüssige Wasser, wobei sich gleichzeitig der mehr oder weniger schnurartige Kot bildet, der über den After ausgeschieden wird.

Nahrungsansprüche und Futtersuche

Die meisten Gartenteichfische ernähren sich sowohl von tierischer als auch pflanzlicher Kost.

Anflugfutter Zu den tierischen Nahrungsbestandteilen gehört auch das sogenannte Anflugfutter. Das sind hauptsächlich Fliegen und andere Insekten, die während der warmen Jahreszeit in zum Teil großen Mengen auf die Wasseroberfläche fallen und für die Fische eine willkommene Ergänzung des Speisezettels darstellen. Pflanzliche Nahrung müssen Sie Ihren Fischen nur in Ausnahmefällen zufüttern, wenn es in Ihrem Teich zu wenige Grünalgen und zarte Unterwasserpflanzen gibt.

Fertigfutter Der Fachhandel bietet ein breites Sortiment an Fertigfischfutter an. Vor allem Produkte, die mit Vitaminen, Mineralstoffen und Proteinen angereichert sind, eignen sich sehr gut für die artgerechte Ernährung der Fische. Das ebenfalls im Fachhandel erhältliche Frostfutter ist relativ teuer und wird daher aus Kostengründen meist nur an kleine Fischarten sowie Sommerfrischler in Kleinst- und Miniteichen verfüttert.

Fang von Futtertieren Vielleicht gehören auch Sie zu den Gartenteichbesitzern, die zumindest einen Teil der Futtertiere selbst fangen möchten. Dann sollten Sie allerdings beachten, dass sich viele der Futtertierreservoire, wie etwa Dorfteiche, Wiesengräben und Regenrückhaltebecken, in privatem oder kommunalem Besitz befinden. Vor dem ersten Kescherzug müssen Sie daher die Genehmigung der Besitzer einholen. Aus einem Gewässer mit Fischbesatz, ob natürlich oder künstlich, sollten Sie prinzipiell kein Futter entnehmen – selbst wenn Sie die Erlaubnis dazu haben. Die Gefahr ist zu groß, mit den Futtertierchen auch Krankheiten, zum Beispiel den Erreger der Weißpünktchenkrankheit, in den eigenen Gartenteich einzuschleppen.

Fischfutter im Überblick

FUTTERART	FÜR FISCHE WELCHER GRÖSSE
LEBENDFUTTER	Regenwürmer: Fische ab 15 cm; Schwarze, Weiße, Rote Mückenlarven und Eintagsfliegenlarven: 1,5–25 cm; Wasserflöhe: 1,5–20 cm; Bachröhrenwürmer (Tubifex): 1,5–30 cm; Mehlwürmer (Mehlkäferlarven): Fische ab 15 cm
FRISCHFUTTER	Rinderherz (in 5 × 5 × 50 mm lange Streifen geschnitten), frische und ungesalzene See- und Süßwasserfische: für Raubfische ab 12 cm (zum Beispiel Barsch und Katzenwels)
FROSTFUTTER	Mückenlarven aller Art, Wasserflöhe: 1,5–15 cm; Bachflohkrebse für Fische ab 8 cm
FERTIGFUTTER	Sticks, Pellets und Flocken: Die industriell hergestellten Futtermittel gibt es im Zoofachhandel in unterschiedlichen Formen und Größen, sodass man gezielt das passende Futter für seine Fische kaufen kann.

Hältern und Konservieren der Futtertiere

Sie waren auf »Futterpirsch« an einem Gewässer und haben so viele Futtertiere gefangen, dass Sie nicht alle sofort verfüttern können. Mit Lebendhaltung oder durch Einfrieren lässt sich die Lebendnahrung aufbewahren.

Regentonne und Tiefkühltruhe

Lebender Vorrat Der Futtertierüberschuss lässt sich sehr gut in einer gefüllten Regentonne oder einer alten, im Freien stehenden Badewanne auf-

bewahren. Der »Vorratsbehälter« darf allerdings nicht in der prallen Sonne stehen. Die Erwärmung des Wassers würde dazu führen, dass sich sein Sauerstoffgehalt verringert und möglicherweise nicht mehr für alle Futtertiere ausreicht, von denen dann ein Teil stirbt.

Frostfutter Alternativ zur Lebendhaltung kann man Futtertiere auch einfrieren. Dazu verteilt man die Futtertierchen in einer etwa 5 mm hohen Schicht in einer flachen Plastikschale, die zum Beispiel aus einer Pralinenpackung stammen kann. Ist die Schicht mit den Futtertieren zu dick, dauert das Einfrieren zu lange, was die Qualität des Futters beeinträchtigt. Bis zum völligen Gefrieren laufen nämlich in den Körpern der toten Futtertiere noch chemische Reaktionen ab, bei denen sich auch Stoffe bilden, die für die Teichfische giftig sind. Je länger der Gefrierprozess dauert, desto größere Mengen an toxischen Substanzen können dabei entstehen. Legen Sie die Plastikschale nach dem Befüllen mit den Futtertierchen vorsichtig in eine Plastiktüte, die mit einem Gummiring verschlossen wird. Danach kommt die Tüte samt Inhalt zum Schockfrosten in die Tiefkühltruhe. Stellen Sie die Kühltemperatur so tief wie möglich ein. In der Regel ist das Frostfutter nach vier bis spätestens fünf Stunden tiefgefroren.

Lebendfutter steht bei vielen Fischen hoch im Kurs. Zu den Lebendfutterkomponenten, die vor allem viele größere Fische mögen, gehören Regenwürmer, die man in jedem Garten findet.

Die wichtigsten Fütterungsregeln

Fischfüttern macht Spaß. Doch wie bei unserer eigenen Ernährung gilt auch hier: Maß halten! Fütterungsfehler können bei Fischen zu Mangelerscheinungen, ernsthaften Erkrankungen oder sogar zum Tod führen.

Tut gut

- Erwachsene Fische am besten zweimal täglich füttern, morgens und abends. Stellen Sie einen möglichst abwechslungsreichen Futterplan auf.

- Jungfische brauchen 5–6 Mal pro Tag Futter. Später Anzahl reduzieren, aber pro Fütterung mehr Futter anbieten.

- Einmal pro Woche oder dreimal in 14 Tagen lässt man die Fische fasten. Das Fasten fördert Wohlbefinden und Agilität. Anflugfutter auf die Wasseroberfläche steht auch jetzt zur Verfügung.

- Kürzen Sie die Ration, wenn die Fische das Futter nicht innerhalb von zwei bis drei Minuten restlos auffressen.

Besser nicht

- Wird versehentlich zu viel Trockenfutter in den Teich gegeben, sollte man es sofort wieder entfernen, weil es sonst die Wasserqualität beeinträchtigt.

- Füttern Sie Ihre Goldfische nicht bei einer Wassertemperatur unter 10 °C. Goldfische nehmen in kaltem Wasser, also insbesondere während der Wintermonate, keine Nahrung auf.

- Bieten Sie Fischen nie verdorbenes Futter an, da es Schimmelpilze enthalten kann. Auch Brot und andere Teigwaren eignen sich nicht zur Fischfütterung.

- Lassen Sie sich von bettelnden Fischen nicht zu Extrafütterungen animieren.

Carassius auratus auratus

Goldfisch und Shubunkin

Familie Goldfisch und Shubunkin sind Karpfenfische *(Cyprinidae)*. **Vorkommen** Beide Zuchtformen stammen von der in Asien heimischen Silberkarausche *(Carassius auratus gibelio)* ab. **Zucht** Während der Shubunkin erst seit Anfang des 20. Jahrhunderts vermehrt gepflegt wird, züchtet man Goldfische in China seit über 1000 Jahren. Es gibt unzählige Form- und Farbvarianten. **Größe** 15–30 cm **Haltung** in Gruppen von mindestens vier Tieren. Wassertemperatur 4–25 °C, pH 6,5–7,5

Leuciscus idus

Orfe (Aland, Nerfling)

Familie Karpfenfische *(Cyprinidae)* **Vorkommen** Europa bis Westasien, vor allem in Fließgewässern und Seen, zum Teil auch im Brackwasser **Zucht** Von der Orfe gibt es attraktive gelbe, rote und bläuliche Farbvarianten. **Größe** 25–40 cm **Lebensweise** hält sich meist unter der Wasseroberfläche auf und wühlt im Unterschied zum Goldfisch kaum im Boden. **Haltung** in Gruppen ab vier bis fünf Exemplaren. Braucht sehr sauerstoffreiches Wasser. Wassertemperatur 4–22 °C, pH 6,5–7,5

Gasterosteus aculeatus

Dreistacheliger Stichling

Familie Stichlinge *(Gasterosteidae)* **Vorkommen** gemäßigte Klimazonen der nördlichen Hemisphäre sowie Nordafrika; besiedelt stehende und langsam fließende Gewässer. **Größe** 5–10 cm **Lebensweise** Kehle und Bauch des Männchens verfärben sich von April bis Juni rötlich. Revier mit röhrenförmigem Nest an Wasserpflanzen. **Haltung** ein Männchen mit 3–5 Weibchen. Bevorzugt kleines Lebendfutter, ältere Tiere nehmen nur selten Trockenfutter. Wassertemperatur 4–25 °C, pH 6,5–7,2

Ameiurus nebulosus
Nordamerikanischer Katzenwels

Familie Katzenwelse *(Ictaluridae)* **Vorkommen** Flüsse und Seen Nordamerikas; in Europa an vielen Orten ausgesetzt. **Größe** 25–40 cm **Lebensweise** räuberischer, vorwiegend dämmerungs- und nachtaktiver Einzelgänger; versteckt sich gern unter Wurzelhölzern und Steinen. **Haltung** Nicht für Gartenteiche mit kleineren Fischen geeignet, da er sie als Futter ansieht. Akzeptiert rohes, zerkleinertes Rindfleisch und Rinderherz. Wassertemperatur 4–25 °C, pH 6,5–7,5

Tinca tinca
(Gold-)Schleie

Familie Karpfenfische *(Cyprinidae)* **Vorkommen** Europa bis Westsibirien, in vegetationsreichen stehenden und ruhig fließenden Gewässern **Zucht** Neben den naturfarbenen olivgrünen Exemplaren gibt es rote und gelbe Zuchtformen (Goldschleien). **Größe** 20–35 cm, selten 60 cm **Lebensweise** lebt am Boden und gründelt gern. **Haltung** in kleinen Gruppen. Akzeptiert auch niedrigen Sauerstoffgehalt und relativ hohe Temperaturen. Wassertemperatur 4–28 °C, pH 6,0–7,5

Pungitius pungitius
Neunstacheliger Stichling

Familie Stichlinge *(Gasterosteidae)* **Vorkommen** Europa, Nordasien und Nordamerika; in vegetationsreichen stehenden und fließenden Gewässern und im Brackwasser **Größe** 4–7 cm **Lebensweise** Männchen baut kugelförmiges Nest an Wasserpflanzen. Die Jungen leben im Unterschied zum Dreistacheligen Stichling einzelgängerisch. **Haltung** Gruppe mit Weibchenüberschuss. Wassertemperatur 4–24 °C, pH 6,5–7,2 **Besonderheit** Die Zahl der Rückenstacheln kann von 8 bis 11 variieren.

Phoxinus phoxinus

Elritze

Familie Karpfenfische *(Cyprinidae)* **Vorkommen** in ganz Europa; vorwiegend in klaren und sauerstoffreichen Fließgewässern **Größe** 7–10 cm **Haltung** als Gruppe mit mindestens acht Tieren. Die schlanken und äußerst agilen Fische brauchen einen Teich mit dichten Pflanzenbeständen, aber auch viel freiem Schwimmraum. Wassertemperatur 4–20 °C, pH 6,5–7,3 **Besonderheit** Zur Laichzeit grießähnlicher Ausschlag an Kopf und Nacken der Männchen, zusätzlich färbt sich ihr Bauch weinrot.

Pimephales promelas

Dickkopfkärpfling, Goldelritze

Familie Karpfenfische *(Cyprinidae)*. Trotz des ähnlichen Namens nicht näher mit Elritze verwandt. **Vorkommen** Südkanada bis Nordmexiko; in stehenden und langsam fließenden Gewässern, in Europa gebietsweise ausgesetzt **Größe** 8–10 cm **Haltung** Gruppe mit Weibchenüberschuss. Wassertemperatur 4–25 °C, pH 6,5–8,0 **Besonderheit** Frisst viele Algen und die Triebe zarter Wasserpflanzen. Männchen mit massigem Kopf, an dem sich zur Laichzeit grießähnlicher Ausschlag bildet.

Rhodeus sericeus amarus

Europäischer Bitterling

Familie Karpfenfische *(Cyprinidae)* **Vorkommen** fast ganz Europa; stehende und langsam fließende, wärmere Gewässer mit üppiger Vegetation **Zucht** braucht zum Ablaichen Maler- oder Teichmuscheln. **Größe** 6–8 cm **Haltung** in Gruppen mit mindestens 6–8 Exemplaren. Wassertemperatur 4–25 °C, pH 6,5–7,2 **Besonderheit** Zur Laichzeit (April bis Juni) schillert das Männchen in allen Farben des Regenbogens; beim Weibchen ist die Genitalpapille gut sichtbar.

Enneacanthus gloriosus

Diamantbarsch

Familie Sonnenbarsche *(Centrarchidae)* **Vorkommen** Nordamerika von New York bis Florida; in stehenden, vegetationsreichen Gewässern **Größe** selten über 8 cm **Haltung** in kleinen Gruppen mit einem ausgeglichenen Geschlechterverhältnis. Mag keine zu großen Gaben von Frischwasser. Wassertemperatur 4–23 °C, pH 6,8–7,5 **Besonderheit** farbenprächtige Art. Bei den Männchen sind die hinteren Bereiche von Rücken- und Afterflosse etwas größer als bei den Weibchen.

Cyprinella lutrensis

Nordamerikanische Rotflossenorfe

Familie Karpfenfische *(Cyprinidae)* **Vorkommen** USA und Nordmexiko; in stehenden und ruhig fließenden Gewässern **Größe** bis 8 cm **Lebensweise** farbenfroher und friedlicher Fisch, der sauerstoffreiches Wasser und immer etwas pflanzliche Nahrung (z. B. Grünalgen) braucht. **Haltung** Gruppe mit mindestens sechs Tieren. Wassertemperatur 4–25 °C, pH 7,0–8,0 **Besonderheit** In der Laichzeit im Mai ist das Männchen kräftiger gefärbt, an seinem Kopf bildet sich grießartiger Ausschlag.

Alburnus alburnus

Ukelei, Laube

Familie Karpfenfische *(Cyprinidae)* **Vorkommen** Nord- und Mitteleuropa bis Sibirien; stehende und langsam fließende Gewässer und Brackwasser **Größe** 10–25 cm **Lebensweise** oberflächennah lebende Art, die gerne Anflugnahrung frisst und keine allzu dichten Pflanzenbestände mag **Haltung** in Gruppen mit mindestens zehn Fischen. Wassertemperatur 4–23 °C, pH 6,5–7,2 **Besonderheit** Um Bastardierungen zu vermeiden, nicht mit Rotfedern, Güstern und Plötzen vergesellschaften.

Perca fluviatilis
Flussbarsch

Familie Echte Barsche *(Percidae)* **Vorkommen** nahezu in ganz Europa sowie in Teilen von Kleinasien und Westsibirien; in stehenden und fließenden Gewässern und im Brackwasser **Größe** 15–40 cm **Lebensweise** Raubfisch **Haltung** Mag Teiche mit dichten Pflanzenbeständen und Wurzelhölzern. Frisst auch Rinderherz und Frostfutter. Wassertemperatur 4–24 °C, pH 7,0–7,5 **Besonderheit** Meist hält man nur einen Barsch, der das Aufwachsen überzähliger anderer Fische verhindert.

Leucaspius delineatus
Moderlieschen

Familie Karpfenfische *(Cyprinidae)* **Vorkommen** Mitteleuropa bis Sibirien; vorzugsweise in stehenden, sonnigen und klaren Gewässern **Größe** 6–10 cm **Lebensweise** sehr friedlich und agil; oft Erstbesiedler neuer Gewässer. Der Laich wird in Bändern an Wasserpflanzenstängel geheftet und vom Männchen bewacht. **Haltung** Gruppe mit mindestens sechs Fischen. Wassertemperatur 4–25 °C, pH 6,5–7,5 **Besonderheit** Die Moderlieschen haben eine Vorliebe für Anflugnahrung.

Danio rerio
Zebrabärbling

Familie Karpfenfische *(Cyprinidae)* **Vorkommen** Östliches Vorderindien; in stehenden und fließenden Gewässern und Reisfeldern **Größe** bis 5,5 cm **Haltung** agiler Sommerfrischler, der in Gruppen von mindestens zehn Tieren leben sollte. Lässt sich gut mit anderen friedlichen Kleinfischen vergesellschaften. Wassertemperatur 18–24 °C, pH 6,5–7,0 **Besonderheit** Männchen sind kleiner und schlanker als die Weibchen und glänzen intensiver. Es gibt auch Formen mit Schleierflossen.

Aplocheilus lineatus
Streifenhechtling, Piku

Familie Eierlegende Zahnkarpfen *(Cyprinodontidae)*
Vorkommen Vorderindien; in stehenden und fließenden Gewässern und Reisfeldern **Größe** bis 12 cm
Lebensweise meist oberflächennah **Haltung** Sommerfrischler in Gruppen mit Weibchenüberschuss. Sehr kleine andere Fische werden als Nahrung angesehen. Wassertemperatur 20–27 °C, pH 6,0–7,0 **Besonderheit** Männchen bunter als Weibchen und mit größeren, spitzeren Flossen. Auch Zuchtformen mit viel Rot und Gold.

Puntius conchonius
Prachtbarbe

Familie Karpfenfische *(Cyprinidae)* **Vorkommen** Nördliches Vorderindien; stehende und langsam fließende Gewässer **Größe** selten mehr als 8 cm **Lebensweise** agil und friedlich **Haltung** Sommerfrischler in Gruppen mit mindestens sechs Exemplaren. Sehr anspruchslos, nimmt neben Kunst-, Frost- und Lebendfutter auch Pflanzenkost. Wassertemperatur 18–24 °C, pH 6,5–7,5 **Besonderheit** Das Männchen ist kräftiger gefärbt und geringfügig kleiner als das fülligere Weibchen.

Macropodus opercularis
Paradiesfisch, Makropode

Familie Belontiaverwandte *(Belontiidae)* **Vorkommen** von Korea über China bis Vietnam **Größe** Männchen bis 11 cm, Weibchen bis 8 cm **Lebensweise** Erwachsene Männchen sind untereinander sehr ruppig. Das Männchen baut ein Schaumnest an der Wasseroberfläche. **Haltung** Sommerfrischler; paarweise oder Männchen mit 2–3 Weibchen. Wassertemperatur 18–26 °C, pH 6,0–8,0 **Besonderheit** Das Männchen ist farbenprächtiger und hat größere Flossen. Mehrere Farbschläge.

Gäste und Mitbewohner im Gartenteich

Zu den Gästen, die sich auf Dauer in Ihrem Gartenteich ansiedeln oder nur zum Laichen bleiben, gehören Frösche, Kröten, Molche und mit etwas Glück
auch Unken. Einfangen und am Teich aussetzen
dürfen Sie diese Tiere nicht, da alle einheimischen
Lurche geschützt sind und nicht aus ihren natürlichen Lebensräumen entnommen werden dürfen.

Molche kommen ganz von selbst

An einigen Arten, die aus freier Natur stammen,
würde der Teichbesitzer ohnehin nicht lange Freude
haben, weil sie ausgesprochen standorttreu sind

Ein Herz für **Molche und Frösche**

SCHUTZ FÜR LURCHE Als Gartenteichbesitzer
sollten Sie verhindern, dass Ihre Fische den Laich
geschützter Molche, Frösche und Kröten fressen.

AKTION »KRÖTENZAUN« Befestigen Sie ein
Netz oder Stoffband an Stöcken und stellen Sie
den »Krötenzaun« zu Beginn der Lurchwanderung
im Frühjahr so auf, dass er den Teich umgibt.

UMLEITUNG Wird den Molchen, Fröschen und
Kröten der Zugang verwehrt, machen sie sich auf
die Suche nach einem anderen Laichgewässer.

ALTERNATIVLÖSUNG Auf den Sperrzaun kann
man verzichten, wenn im Gartenteich ausschließlich Moderlieschen (Leucaspius delineatus) leben,
da diese Fischart im Unterschied zu den meisten
anderen Fischen keinen Molchlaich frisst.

und das instinktive Bestreben haben, wieder zu
ihrem Ursprungsgewässer zurückzuwandern. Das
gilt zum Beispiel für den Moorfrosch (Rana arvalis).
Ganz im Unterschied dazu passiert es aber recht
häufig, dass sich Bergmolche (Triturus alpestris) und
Teichmolche (Triturus vulgaris) von selbst in einem
Gartenteich ansiedeln. Im Frühjahr nutzen auch die
Erdkröten, die sich sonst ausschließlich an Land
aufhalten, den Teich als Ablaichgewässer und legen
hier zwischen März und April ihren zu gallertigen
Schnüren aufgereihten Laich ab. Etwa zwei Wochen
später schlüpfen daraus dann die Kaulquappen.
Während der Laichzeit sind die Erdkröten ganztägig
aktiv, in der übrigen warmen Jahreszeit bekommt
man sie hingegen meist nur in der Dämmerung und
den Nachtstunden oder bei sehr feuchtem Wetter
zu Gesicht. Dann suchen die Kröten besonders
intensiv nach Nahrung, die in der Hauptsache aus
Schnecken, Würmern, Insekten, Spinnen und
Asseln besteht.

Reges Leben am und im Teich

Neben den Lurchen finden sich sehr schnell weitere
tierische Bewohner am und im Gartenteich ein.
Dazu gehören unter anderem Wasserinsekten wie
etwa der Gelbrandkäfer (Dytiscus marginalis) und
der Furchenschwimmer (Acilius sulcatus). Gewöhn-
lich dauert es nicht lange, bis sich einige Libellen in
der Umgebung des Teichs niederlassen und ihre
Eier im Wasser ablegen. Vielleicht sind Sie eines
Tages etwas erstaunt, dass sich plötzlich Wasserschnecken in Ihrem Teich tummeln. In den Gartenteich gelangen sie oftmals in Form von Laich, der
an neu erworbenen Unterwasserpflanzen haftet.

Zu den Tierarten, die sich oft von selbst am Teich einfinden, gehören auch zahlreiche Lurche, wie etwa Grünfrösche und Molche.

Rotwangenschmuckschildkröten sollte man möglichst nicht mit Fischen in einem Teich pflegen. Kleine Fische werden dann nämlich oft als Beutetiere angesehen.

Was ist mit Sumpfschildkröten?

Vielleicht haben Sie in einem zoologischen Garten, im Zoofachgeschäft oder bei Bekannten schon einmal die aus Nordamerika stammenden Rotwangenschmuckschildkröten *(Trachemys scripta elegans)* gesehen und sind der Meinung, dass einige Exemplare der attraktiven Schildkröten Ihren Gartenteich bereichern würden. Das sollten sie allerdings nur dann erwägen, wenn im Teich keine Fische leben. Rotwangenschmuckschildkröten, aber auch verschiedene andere Sumpfschildkrötenarten, sehen nämlich vor allem in kleineren Fischen eine willkommene Beute und stellen ihnen hartnäckig nach. Schildkröten in einem Gartenteich sind echte Unruhestifter. Sie sorgen dafür, dass die Fische unter ständigem Stress stehen und ihre Verstecke aufsuchen. Gleichzeitig verblassen meist auch ihre Farben, weil sie sich auf diese Weise instinktiv tarnen und unsichtbar machen wollen. Wenn Sie Ihren Teich zur reinen Schildkrötenanlage umgestalten möchten, sollten Sie ihn nur mit robusten Unter-

wasserpflanzen ausstatten. Die meisten Sumpfschildkröten schwimmen nämlich mit sehr heftigen Paddelbewegungen und beschädigen dabei immer wieder zarte Pflanzen oder reißen sie sogar ganz heraus. Mindestens ebenso problematisch ist der Mulm, der bei den Schwimmaktionen aufgewirbelt wird. Neben den reichlich ins Wasser abgegebenen Exkrementen trägt diese Mulmaufwirbelung nachhaltig dazu bei, dass sich das Wasser des Teichs schon innerhalb kürzester Zeit stark eintrübt, was man nur mit einem sehr leistungsstarken Filter unterbinden kann.

Maler- und Teichmuscheln

Im Frühjahr werden in vielen Zoofachgeschäften Malermuscheln *(Unio pictorum)* und Teichmuscheln *(Anodonta cygnea)* angeboten. Sie sind durchaus eine Empfehlung für den Gartenteich, da sie sich von Geschwebeplankton ernähren, das sie über ihre Kiemen aus dem Wasser filtern. Damit tragen sie zugleich auch zur Klärung des Teichwassers bei.

Die richtige Teichpflege

Sachgerechte und regelmäßige Pflege ist für jeden Gartenteich von großer Bedeutung. In diesem Kapitel erfahren Sie, welche Arbeiten wichtig sind, damit sich Fische und Pflanzen bestmöglich entwickeln, wie man mit Fischnachwuchs umgeht, wie man Koi hält und die Teichbewohner vor Eindringlingen schützt.

So bleibt Ihr Teich attraktiv und lebendig

In und an einem mit Liebe und Sorgfalt ausgestatteten und gut bepflanzten Gartenteich gibt es fast täglich Neues und Interessantes zu entdecken. Die Fische bringen Leben in den Teich und zeigen dem Betrachter ihr reizvolles und reichhaltiges Verhaltensrepertoire. Die Pflanzen in Ufernähe und die auf der Teichoberfläche schwimmenden Seerosen lassen das kleine Gewässer zum farbenprächtigen Anziehungspunkt des Gartens werden.

Nötige Arbeiten nicht aufschieben

Mit regelmäßigen Pflege- und Wartungsarbeiten sorgen Sie dafür, dass Ihr Gartenteich schön und voller Leben bleibt. Kleinere Probleme treten auch an einem Teich manchmal auf. Wenn man sie möglichst schnell aus der Welt schafft, können sie sich nicht zu großen entwickeln, die dann viel Einsatz und Kraft kosten. Der normale Pflegedienst nimmt nicht übermäßig viel Zeit in Anspruch. Er garantiert dafür, dass Ihr Gartenteich sich nicht in ein trübes und muffig riechendes Gewässer verwandelt, in dem blasse Fische apathisch zwischen kümmernden Pflanzen und Algenwatten herumschwimmen.

Übereifer schadet nur

Bei allem Engagement kann manchmal weniger Pflege auch mehr sein: Führen Sie immer nur solche Arbeiten durch, die tatsächlich erforderlich sind, und werkeln Sie möglichst nicht in jeder freien Minute im Teich. Der Übereifer wirkt sich nämlich nicht nur nachteilig auf das Verhalten der Fische aus, sondern beeinträchtigt auch die Pflanzen in ihrer normalen Entwicklung. Beteiligen sich mehrere Familienmitglieder an den Teichaktivitäten, sollte man nach einem gut abgestimmten Plan vorgehen, damit nicht alles doppelt erledigt wird.

Pflege- und Wartungsarbeiten

Bestimmte Pflegearbeiten am Gartenteich muss man täglich oder einmal pro Woche, andere nur monatlich oder vierteljährlich durchführen.

Tägliche bis monatliche Pflege

Täglich Planen Sie zusätzlich zur täglichen Fütterungszeit weitere fünf bis zehn Minuten ein und prüfen Sie, ob die Gartenteichtechnik einwandfrei funktioniert. Für Störungen ist meist ein elektrischer Defekt verantwortlich. Oberster Grundsatz: Basteln Sie nie selbst an einem defekten Gerät herum, sondern überlassen Sie die Reparatur dem Fachmann. Zu den täglichen Aufgaben gehört in der wärmeren Jahreszeit auch das Nachfüllen von Wasser, das während der letzten 24 Stunden verdunstet ist.

Wöchentlich Nehmen Sie sich einmal pro Woche etwas mehr Zeit, um den pH-Wert und die weiteren chemischen Parameter des Teichwassers zu ermitteln und sie bei Bedarf neu einzustellen.

Monatlich Vom zeitigen Frühjahr bis zum Herbst sollte die technische Ausrüstung und besonders der Filter des Gartenteichs monatlich gereinigt werden. Vom Zeitaufwand muss man dafür kaum mehr als zwei bis drei Stunden einplanen. Filterreinigung bedeutet aber nicht, dass die Apparatur danach nahezu klinisch steril ist. Zwar sollte man den groben Schmutz gründlich aus dem Filter entfernen, gleichzeitig aber darauf achten, dass die nützlichen Bakterien wie *Nitrobacter* und *Nitrosomonas* erhalten bleiben. Das funktioniert allerdings nur, wenn keine chemischen Mittel benutzt werden. Wasser, Schwamm, Bürste, Lappen und ähnliche mechanische Säuberungsutensilien sind alles, was Sie zum Reinigen des Filters brauchen. Das verwendete Wasser darf dabei nicht wärmer als 45 °C sein. Höhere Temperaturen führen dazu, dass bei den meisten Bakterienarten das Zelleiweiß gerinnt und die Mikroorganismen absterben.

In der warmen Jahreszeit muss die Wassermenge, die verdunstet ist, regelmäßig nachgefüllt werden. Dafür eignet sich auch Wasser aus Regentonnen und Zisternen.

Viele Pflanzen gedeihen so üppig, dass man sie des Öfteren auslichten muss, um ein allmähliches Zuwuchern des Teichs zu verhindern.

Alternativen zum Eisfreihalter

NICHT ZU FLACH Für Teiche mit tieferen Zonen und einem Schilfbestand braucht man nicht unbedingt einen Eisfreihalter (→ Seite 19). So geht es:

HALME KÜRZEN Schneiden Sie die Schilfhalme nach dem Absterben so weit ab, dass sie gerade noch 20–25 cm aus dem Wasser ragen.

LUFTZUFUHR Die hohlen Halme frieren bei Frost nicht zu. Dadurch ist der wichtige Gasaustausch auch dann noch gewährleistet, wenn sich auf dem Teich eine Eisschicht gebildet hat.

HALMBÜNDEL Ähnlich funktioniert ein Bündel zusammengebundener Schilfhalme, das vor dem Zufrieren in den Teich gesteckt wird.

Was tun in welcher Jahreszeit?

In jeder Jahreszeit fallen einige größere Arbeiten an, für die man einen halben bis ganzen Tag braucht.

Frühjahr Während der Wintermonate sammelt sich relativ viel Schmutz am Teichgrund an. Der lässt sich am besten mit einem Schlammsauger beseitigen, den Sie in Gartenfachmärkten ausleihen können. Das Gerät funktioniert ähnlich wie ein normaler Staubsauger. Wenn Sie Ihrem Gartenteich darüber hinaus einen neuen Look geben wollen, eignet sich das zeitige Frühjahr am besten. Bei Bedarf ergänzt man jetzt auch den Fischbestand und setzt neue Pflanzen ein.

Sommer Im Sommer steht das Auslichten der Unterwasserpflanzen ganz oben auf der Liste. Viele wachsen sehr schnell und verkleinern dadurch den freien Schwimmraum der Fische. Der Sommer ist auch die richtige Jahreszeit, um auf die Pirsch nach Lebendfutter zu gehen, mit dem Sie dann Ihren Frostfuttervorrat aufstocken können.

Herbst Kurz bevor die Bäume und Sträucher im Herbst ihr Laub abwerfen, sollte ein Laubfangnetz über den Gartenteich gespannt werden. Damit verhindert man, dass Laub ins Wasser fällt, wo es langsam verrotten und die Wasserqualität erheblich verschlechtern würde. Neben dem Frühjahr eignen sich die Herbstmonate am bestens zum Pflanzen neuer Stauden am Teichrand. Schließlich darf man auch nicht vergessen, die frostempfindlichen Pflanzen mit einer Schicht aus Falllaub, Nadelreisig oder Stroh abzudecken.

Winter In der kalten Jahreszeit fallen außer der täglichen Kontrolle des Eisfreihalters (→ Seite 19) kaum Teicharbeiten an. Nutzen können Sie diese Zeit, um verschlissene Utensilien, beispielsweise Kescher, zu reparieren oder neue zu kaufen und die Teichtechnik besonders gründlich zu warten.

Nachwuchs bei den Teichfischen

Die meisten Fischarten im Gartenteich vermehren sich nur, wenn die Lebensbedingungen stimmen. Regelmäßiger und gesunder Nachwuchs ist damit auch ein wichtiges Indiz dafür, dass der Teich fischgerecht gestaltet und bepflanzt wurde.

Strategien der Vermehrung

Bei den Fischen gibt es prinzipiell zwei ganz unterschiedliche Vermehrungsstrategien.

Wenige Eier, viel Betreuung Die Vertreter dieser Gruppe bewachen ihr Gelege nach dem Ablaichen und kümmern sich auch später meist noch um die Jungfische. Weil die Altfische verhältnismäßig viel Energie und Zeit in die Betreuung ihres Nachwuchses investieren, hat es die Natur so eingerichtet, dass nicht übermäßig viele Eier abgelegt werden.

Viele Fischarten, allen voran Goldfische, warten oft jedes Jahr mit einer stattlichen Anzahl an Jungtieren auf, die dann häufig den Teich übervölkern.

Zu dieser Fischgruppe gehören unter anderem der Ungarische Hundsfisch (*Umbra krameri*) und der Kahlhecht (*Amia calva*).

Viele Eier, keine Betreuung Die andere Vermehrungsstrategie setzt auf viele Eier. Auf sehr viele: Nicht selten legen die Weibchen dieser Arten 100.000 bis 250.000 Eier pro Laichsaison. Nach der Ablage kümmern sich die Altfische nicht mehr um die Eier, von denen ein Großteil den vielen Fressfeinden zum Opfer fällt. Dadurch ist gewährleistet, dass die Bestandszahl der jeweiligen Art in aller Regel konstant bleibt. Nicht selten vertilgen sogar die Altfische selbst einen Teil des Laichs. Sie sorgen damit instinktiv dafür, dass die Spuren ihrer Anwesenheit verwischt werden. Zu guter Letzt sind nämlich alle Eier von der Bildfläche verschwunden, und es bleiben nur noch solche übrig, die zum Beispiel zwischen die Spalten von Kieselsteinen gesunken sind. Die überall und immer präsenten Laichräuber finden also keinen optischen Hinweis, dass an dieser Stelle überhaupt abgelaicht wurde. Typische Vertreter dieser Gruppe sind der Güster (*Blicca bjoerkna*) und die Rotfeder (*Scardinius erythrophthalmus*).

Dringend gesucht! Ein neues Quartier für Jungfische

Es erfüllt wohl jeden Gartenteichbesitzer mit Stolz, wenn er eines schönen Tages feststellt, dass ein paar Hundert junge Goldfische oder Shubunkin munter in seiner Anlage herumschwimmen.

Fischbestand verkleinern Doch kurz darauf stellt sich dann meist auch schon die Frage, wohin mit all den jungen Fischen, wenn sie heranwachsen und

Wenn man eine Überbevölkerung des Teichs mit Jungfischen vermeiden möchte, kann man einen Flussbarsch einsetzen.

Auch Katzenwelse sorgen dafür, dass der Bestand an Jungfischen nicht überhandnimmt. Da sie dämmerungs- und nachtaktiv sind, sieht man sie aber nur selten.

länger als etwa 3 cm geworden sind. Unternimmt man nichts, wird es im Teich über kurz oder lang fast so eng wie in der sprichwörtlichen Ölsardinenbüchse. Mit der unausweichlichen Folge, dass sich die Lebensbedingungen für alle Bewohner des Gartenteichs dramatisch verschlechtern. Als einziger Ausweg bleibt daher nur die rechtzeitige Reduzierung des Jungfischbestandes.

Im Zoohandel unerwünscht Verständlicherweise kommen Ihnen die meisten Zoohändler nicht unbedingt mit offenen Armen entgegen, wenn Sie mit ein paar Hundert Jungfischen in ihrem Geschäft aufkreuzen. Speziell bei den Goldfischen wird die erhoffte Transaktion zusätzlich dadurch erschwert, dass der Nachwuchs sehr unscheinbar grau- bis schwarzbraun aussieht. Erst mit etwa einem Jahr färben sich die Fische um und zeigen dann allmählich das für Goldfische typische rote, gelbe und orangefarbene Schuppenkleid.

Aussetzen verboten Wenn Sie Glück haben, gibt es in der Nähe Ihres Wohnortes eine Zierfischgroß-handlung, wo man Ihnen die noch nicht umgefärbten Jungfische zum »Nulltarif« abnimmt. Findet sich allerdings kein Abnehmer, ist das Aussetzen des Fischnachwuchses in einem beliebigen natürlichen Gewässer nicht die Lösung. Zum einen machen Sie sich damit strafbar, zum anderen wollen Sie als naturverbundener Tierfreund sicher nicht zur Verfälschung unserer heimischen Fauna beitragen.

Natürliche **Bestandsregulierung**

RÄUBER IM TEICH Mit einem Raubfisch kann man eine Überbevölkerung im Teich vermeiden. Dafür eignet sich beispielsweise der Gemeine Sonnenbarsch *(Lepomis gibbosus)*.

WIE IN FREIER NATUR Der Barsch stellt den Jungfischen der anderen Arten nach und regelt so den Bestand auf natürliche Weise.

Ein Hauch von Fernost

Vielleicht wollen Sie Ihrem Gartenteich ein anderes Aussehen verleihen, oder Sie sind sowieso gerade dabei, eine neue Anlage zu konzipieren. Warum dann nicht einen aktuellen Trend aufgreifen und dem Teich einen Hauch von Fernost verleihen?

Harmonie, Gleichklang und Ruhe

Sein unverkennbar asiatisches Flair erhält ein solcher exotischer Teich vor allem durch die stilvolle

und geschickte Kombination der Pflanzen und der am Rand des Gartenteichs gruppierten Dekorationsgegenstände. Die hohe Kunst bei der Konzeption und Anlage eines Asienteichs besteht darin, die Gestaltungselemente so anzuordnen, dass sie nicht einfach nur zusammenpassen, sondern zu einer Einheit verschmelzen, die Harmonie, Gleichklang und Ruhe ausstrahlt.

Brücken, Bänke und Laternen Zu den unverzichtbaren Objekten asiatischer Teiche gehören neben steinernen Buddha- und stilisierten Löwenfiguren vor allem kleine Brücken, Stege, direkt am Wasser stehende schneeweiße Kiesbänke und Laternen. Die Laternen können aus Stein oder Metall gefertigt und zwischen 35 und 150 cm hoch sein. Außerdem lassen sich auch bizarr geformte Wurzelhölzer sowie Totholzstücke und Steine in die asiatische Teichlandschaft integrieren.

Ein Pavillon zum Verweilen Wenn es am Teichufer oder zumindest in seiner Nähe noch einige freie Quadratmeter gibt, ist das der richtige Platz für einen kleinen Pavillon nach japanischem Vorbild. Er verleiht der ganzen Anlage besonderen Charme, und die Sitzgruppe im Pavillon wird garantiert zu Ihrem Lieblingsplatz.

Bitte keinen Stilbruch! Nach griechischen oder römischen Vorbildern gestaltete Skulpturen, über die beispielsweise Wasser in den Teich geleitet wird, würden zu einem totalen Stilbruch führen und gehören nicht in einen asiatischen Gartenteich.

Ein Teich, der im asiatischen Stil gestaltet wurde und viel Harmonie und Ruhe ausstrahlt.

Asiatische Uferpflanzen

Damit das Ambiente stimmig ist, sollten Sie zur Gestaltung des Ufer- und Sumpfbereichs, aber auch unter Wasser in erster Linie Pflanzen verwenden, die ursprünglich aus Asien stammen. Manchmal kann man aber ohne die Gesamtwirkung zu stören auch auf Alternativen zurückgreifen. So sind kleinwüchsige Koniferen ein akzeptabler Ersatz für die meist sehr teuren, bonsaiartigen Formgehölze.

> Zu den klassischen Pflanzen im asiatischen Teich zählt der ganzjährig grüne Gartenbambus *(Fargesia murieliae)*, der allerdings keine allzu nassen Böden mag. Ähnliche Ansprüche stellt das Chinaschilf *(Miscanthus sinensis)*, eine attraktive, hochwüchsige Staude von fast strauchartigem Aussehen.

> Andere Standortansprüche haben die zwischen April und Juni herrlich blühenden Rhododendren, zu denen auch die Azaleen gehören. Diese Gehölze wollen zwar auch nicht mit den »Füßen« direkt im Wasser stehen, aber ihr Bodensubstrat, das zu einem großen Teil aus saurer und lockerer Torferde bestehen sollte, darf nie gänzlich austrocknen.

> Zahlreiche Taglilien-Hybriden *(Hemerocallis spec.)* sowie aus Asien stammende Schwertlilien, beispielsweise die Wiesen-Schwertlilie *(Iris sibirica)*, die Japanische Sumpfschwertlilie *(Iris laevigata)* und nicht zuletzt das Indische Springkraut *(Impatiens glandulifera)*, eignen sich aufgrund ihrer Robustheit und Blühfreudigkeit hervorragend zur Bepflanzung des Teichufers.

> Weniger robust sind einige Primel-Arten, wie die Nankinggelbe Kandelaberprimel *(Primula bulleyana)* und die Japanische Etagenprimel *(Primula japonica)*. Sie sollten daher auch nicht unmittelbar neben den oben genannten, deutlich widerstandsfähigeren Pflanzen kultiviert werden, Bei der in Südwestchina beheimateten Orchideenprimel *(Primula vialii)* han-

delt es sich um eine besonders attraktive Art, deren zwischen Mai und Juni erscheinende rote Blüten in dichten Ähren stehen. Am wohlsten fühlt sich die Orchideenprimel an halbschattigen Standorten mit einem feuchten, aber möglichst nicht staunassen Bodensubstrat. Im Spätherbst sollte man ihre Standorte mit etwas Falllaub abdecken, weil diese Primeln verhältnismäßig frostempfindlich sind.

1 Die in ihrer Form häufig an Teehäuser oder Teepavillons erinnernden Steinlaternen werden nicht selten von einem kunstvoll gestalteten Fuß getragen.

2 Konvex geformte Brücken im asiatischen Stil können aus Holz, Bambus oder Natursteinen bestehen und sollten einen plakativen Anstrich aufweisen.

3 Bonsai gehören zur typischen Bepflanzung asiatischer Teiche. Als kostengünstige Alternative lassen sich auch kleinwüchsige Koniferen verwenden.

Die richtigen Wasserpflanzen

> Im Unterschied zu den Schwimmblättern der Europäischen Teichrose *(Nuphar lutea)*, die fast kreisrund sind, sehen die der Japanischen Teichrose *(Nuphar japonica)* annähernd pfeilartig aus. Wenn Sie gern Japanische Teichrosen in Ihren Teich integrieren möchten, haben Sie die Möglichkeit, zwischen Sorten mit dunkelgrünen und bräunlich weinroten Blättern zu wählen.

> Als Unterwasserpflanzen für den asiatischen Teich bieten sich verschiedene Hornkraut-Arten *(Ceratophyllum* spec.) an. Hornkraut zählt zu den Kosmopoliten unter den Pflanzen und ist nahezu auf allen Kontinenten verbreitet.

> Unter gewissen Voraussetzungen lässt sich sogar der Indische Lotos *(Nelumbo nucifera)* kultivieren. Die Rhizome dieser Pflanze müssen an einer sehr sonnigen Stelle mindestens 50 cm unter der Wasseroberfläche eingegraben werden. Wem das zu mühsam ist, stellt den Indischen Lotos einfach mitsamt einem Pflanzkübel in den Teich. Sobald die Blätter im Herbst abgestorben sind, gräbt man die Lotosrhizome vorsichtig wieder aus oder nimmt den Kübel aus dem Teich. Während der kalten Jahreszeit müssen die Pflanzen frostfrei in feuchter Erde gehalten werden. Die Überwinterung klappt am besten in einem kühlen Raum bei Temperaturen zwischen 8 und 12 °C.

Attraktiv bepflanzter Teich im asiatischen Stil. Dabei verschmelzen die Pflanzen mit den Dekorationsobjekten zu einer sehr harmonischen Einheit.

Fische für den Asienteich

Natürlich bieten sich für einen asiatischen Teich vor allem die »Klassiker« Goldfisch und Shubunkin an.

› Beim Goldfisch müssen Sie sich nicht auf die gängigen, einfarbig gelb, rot oder orange gefärbten Varianten beschränken, sondern haben die Wahl unter zum Teil sehr exotischen Zuchtformen. Dazu zählen zum Beispiel die Kometenschweife mit ihrem gestreckten Körper und den extrem langen Schwanzflossen. Auffällige Formen sind auch die zweifarbigen Sarasa, ebenfalls mit sehr langer und großflächiger Schwanzflosse. Aktuell stehen die unterschiedlich gefärbten Oranda auf der Beliebtheitsskala ganz oben. Ihr Körper ist gedrungen, und sie haben lange Flossen, fallen aber besonders durch Hautgeschwülste in Kopf- und Nackenregion auf. Die gutartigen Verdickungen machen den Oranda unverwechselbar. Nachteil dieser Zuchtform: Im Gegensatz zum normalen Goldfisch mit seinem spindelförmigen Körper ist der Oranda ein eher mäßiger Schwimmer und fällt daher leicht im Teich fischenden Katzen (→ Seite 57) zum Opfer.

› Eine interessante, vor allem für kleinere Teiche geeignete Fischart ist der 12 cm lange Asiatische Bitterling *(Rhodeus ocellatus ocellatus)*. Vor allem zur Balzzeit, wenn die Männchen in allen Farben des Regenbogens schillern, ist dieser Bitterling deutlich farbenprächtiger als seine europäischen Verwand-

ten. Asiatische Bitterlinge lassen sich gut mit einem kleinen Trupp Blaubandbärblinge *(Pseudorasbora parva)* vergesellschaften. Unter natürlichen Bedingungen besiedelt die 7 bis 10 cm lange Bärblingsart ein Gebiet, das sich von Korea bis nach Ostchina und Taiwan erstreckt.

› In einigen Ländern Asiens, allen voran Japan, gilt der Asiatische Gabelbart *(Scleropages formosus)* als Statussymbol und wird häufig in Spezialteichen gepflegt. Obwohl er gelegentlich auch hierzulande angeboten wird, rate ich davon ab, einen Gabelbart im Gartenteich zu halten. Und das aus zwei Gründen: Zum einen werden die Fische schon nach wenigen Jahren fast einen Meter lang, zum anderen kann man sie nicht in einem unbeheizten Teich überwintern.

Unter bestimmten Voraussetzungen ist es sogar möglich, Lotos im Teich zu pflegen.

Was Sie über Koi wissen sollten

Der Koi – auch die Mehrzahl heißt »Koi« und nicht »Kois« – ist mittlerweile bei uns fast so bekannt und beliebt wie der allgegenwärtige Goldfisch. Es überrascht nicht, dass Koi die Herzen vieler Gartenteichbesitzer höher schlagen lassen und sie die schönen Fische gerne in ihrem Teich sehen würden. Bevor der Traum in Erfüllung geht, muss man aber prüfen, ob Koi im eigenen Gartenteich überhaupt artgerecht gehalten werden können.

Herkunft und Zuchtformen

Beim Koi, der oft auch als Farbkarpfen bezeichnet wird, handelt es sich um eine domestizierte und durch züchterische Eingriffe veränderte Form des Wildkarpfens *Cyprinus carpio*, der auch heute noch in den Zuflüssen des Mittelmeers, des Schwarzen und Kaspischen Meers sowie des Aralsees lebt. Im Unterschied zum Speisekarpfen, der hochrückig und gedrungen erscheint, besitzt der Wildkarpfen einen spindelförmigeren und seitlich abgeflachten Körper. In China hat man schon vor 2000 Jahren mit Koi gezüchtet. Dabei wurde die Körperform des Wildkarpfens weitgehend beibehalten. Zur Perfektion gebracht wurde die Koi-Zucht jedoch erst in Japan, wo sich die Fische nach wie vor einer unverminderten Beliebtheit erfreuen. Heute wird das Zuchtgeschäft mit den Koi nicht nur in Japan, sondern auch in Deutschland, Israel, Südafrika und den USA mit großem Engagement betrieben. Das Ergebnis sind immer neue Farbschläge und Rassen. Die Grundfarbe des Koi kann weiß, gelb, rot, orange, bläulich oder schwarz sein. Darauf befinden sich unterschiedliche Zeichnungen und Flecken. Die Standards legen unter anderem fest, wie diese Fleckmuster angeordnet sein sollen und welche Größe und Form sie haben dürfen. Spitzentiere der Rasse »Tancho-Kohaku« zeichnen sich zum Beispiel durch einen makellos weißen Körper und einen kreisrunden roten Fleck auf dem Hinterkopf aus.

Der Koi erfreut sich einer ähnlich großen Beliebtheit wie der Goldfisch. Oftmals werden diese Fische so zutraulich, dass sie sogar Futter aus der Hand des Pflegers nehmen.

Koi stellen hohe Ansprüche an Wasserqualität und Wassertemperatur. Letztere sollte auch im Winter möglichst nicht unter 8 °C sinken.

Koi richtig füttern

GANZJÄHRIG Im Unterschied zu Goldfischen, die bei Temperaturen von unter 10 °C keine Nahrung mehr erhalten, müssen die Koi das ganze Jahr über gefüttert werden.

BEIFUTTER In den Wintermonaten, wenn sich die Wasserpflanzen- und Grünalgenbestände kaum noch regenerieren, sollten Sie regelmäßig pflanzliche Komponenten zuführen, um so eine umfassende Versorgung Ihrer Koi mit allen notwendigen Vitaminen und Mineralstoffen zu gewährleisten.

WINTERKOST Eine sehr gute Futterkomponente, die Sie den Koi im Winter anbieten sollten, sind Feinfrosterbsen. Falls sie nach dem Auftauen noch sehr hart sind, sollten sie kurz gekocht werden.

Laichzeit und Gelege

Im Unterschied zu den meisten anderen Fischen im Gartenteich vermehren sich Koi ohne menschliches Zutun nur in Jahren, die klimatisch ausgesprochen günstig sind. Damit sie zwischen Mai und Juni in Ablaichstimmung kommen, muss die Wassertemperatur längere Zeit dauerhaft über 20 °C ansteigen. Am liebsten laichen die Koi in Gruppen ab, wobei sie als Laichplätze sonnendurchflutete Flachwasserbereiche bevorzugen, die üppige Wasserpflanzenbestände aufweisen. Große Weibchen sind in der Lage, jährlich mehr als eine Million Eier zu legen, von denen jedes einen Durchmesser von ca. 1,5 mm aufweist. Nach dem Ablaichen wird keine Brutpflege betrieben – im Gegenteil, oft fressen die Koi sogar einen erheblichen Teil ihres Geleges auf. Damit sich die restlichen Eier erfolgreich entwickeln können, muss der Sauerstoffgehalt des Wassers überdurchschnittlich hoch sein. Nach 72 bis 190 Stunden schlüpfen aus den Laichkörnern die Larven, die dann in den folgenden Tagen ihre körperliche Entwicklung zum Jungfisch vollenden.

Gefährliche Koi-Krankheit

Bei den Haltern von Koi ist die durch Viren verursachte Koi-Seuche (KHV) sehr gefürchtet. Erste Anzeichen dafür sind Fressunlust, Blutungen in der Haut, Kopfstehen, Hautablösungen und ständiges Luftschnappen an der Oberfläche. Bei Verdacht auf diese meldepflichtige Erkrankung müssen Sie unbedingt einen Tierarzt zurate ziehen.

Teichgröße und Heizung

Koi können über 30 Jahre alt und 50 bis 80 cm, in Ausnahmefällen auch 100 cm groß werden.
Mindestgröße des Gartenteichs Angesichts der beachtlichen Körpergröße der Fische sollte das Koi-

Becken mindestens 8 × 5 × 1,5 Meter (Länge × Breite × Tiefe) messen.

Kälteempfindlich Vor allem die teuren Hochzuchtformen des Koi mögen es nicht, wenn im Winter die Wassertemperatur im Gartenteich unter 8 °C sinkt, denn während des langen Züchtungsprozesses wurden weder sie noch ihre Ahnen jemals in vereisten Teichen gepflegt. Deshalb sind derartige Exemplare von ihren genetischen Anlagen auch nicht ausreichend auf Temperaturen vorbereitet, die unter 8 °C liegen.

Heizung und Abdeckung Wenn Sie Ihre Koi auch während der Wintermonate unter optimalen Bedingungen halten wollen, sollte der Gartenteich auf jeden Fall beheizbar sein. Der Wärmeverlust lässt sich mit einer Abdeckung aus Plexiglasscheiben reduzieren. Die Scheiben müssen immer schneefrei sein und sollten mindestens zweimal täglich geöffnet oder abgenommen werden, um den wichtigen Gasaustausch zwischen Teichwasser und Luft zu gewährleisten.

Teichausstattung und Fütterung

Robuste Pflanzen Zur Bepflanzung eines Koi-Teiches sollten Sie möglichst robuste, derbblättrige Wasserpflanzenarten verwenden, beispielsweise Wasser liebende Schwertlilien, Schilf, Kalmus, Rohrkolbenvertreter sowie größere See- und Teichrosen,

Vorbildlicher Koi-Teich, in dem den Fischen viel Schwimmraum zur Verfügung steht. Hier können die Koi ihr arttypisches Verhalten in vollem Umfang ausleben.

weil diese kaum angeknabbert werden. Im Unterschied dazu weiden Koi zartblättrige Wasserpflanzen oftmals bis zur Unkenntlichkeit ab, da diese eine natürliche, gern gefressene Nahrungskomponente darstellen. Darüber hinaus gehört es zu den typischen Verhaltensweisen der Koi, das Bodensubstrat nach Fressbarem zu durchwühlen. Dabei legen sie mitunter auch die Wurzeln der Pflanzen frei. Um das weitgehend zu verhindern, können Sie zum Beispiel faustgroße Steine um die Pflanzen gruppieren. Wegen der Wühlaktivitäten und im Interesse eines stets klaren Wassers ist außerdem eine leistungsstarke Filteranlage sehr empfehlenswert.

Pellets Neben ihrer Vorliebe für zartes Grün nehmen Koi auch tierische Nahrung zu sich, besonders gern Insektenlarven, Würmer, kleinere Muscheln und Schnecken. Das natürliche Angebot an derartiger Kost ist in einem Gartenteich zwangsläufig begrenzt und kann den Bedarf der großen Fische nicht decken. Abhilfe schaffen hier spezielle Fertigfutterpellets für Koi, die heute in fast jeder Zoofachhandlung angeboten werden.

Zutraulich und handzahm

Im Unterschied zu den in freier Natur lebenden Wildkarpfen, die fast immer sehr scheu und äußerst vorsichtig sind, zeigen die Koi ein ganz anderes Verhalten. In der Regel gewöhnen sie sich schnell

an Menschen, von denen sie regelmäßig betreut und versorgt werden, schwimmen meist sofort zum Beckenrand, wenn ihr Pfleger sich blicken lässt, und nehmen Futter bereitwillig aus der Hand. Besonders zahme Exemplare lassen sich sogar streicheln.

Was unterscheidet Koi und Goldfisch?

In den Zoofachgeschäften werden junge Goldfische und Koi zum Teil in einem Gemeinschaftsbecken untergebracht. Viele Gartenteichfreunde haben dann Probleme, die beiden Arten zu unterscheiden. Eigentlich ist das aber ganz einfach. Sie müssen den Fischen nur aufs Maul schauen: Koi besitzen an jeder Seite des Mauls eine leicht erkennbare Bartel, während Goldfische immer bartellos sind.

Zu den Pflanzen, die sich für Koi-Teiche eignen, gehören auch Rohrkolbenarten.

So schützen Sie Ihren Gartenteich

Viel Aufwand müssen Sie nicht treiben, um unge-
liebte Gäste wie Fischreiher, Enten und Schnecken
von Ihrem Gartenteich fernzuhalten.

Schutz vor Enten und Reihern

Stockenten Enten lieben die saftige Unterwasservegetation des Gartenteichs, von der sie innerhalb
kürzester Zeit enorme Mengen vertilgen können.
Dabei verwandeln sie das Teichwasser in eine trübe
Brühe. Stockenten sollten sehr energisch verjagt
werden; wer ihnen Brot als zusätzliches Futter anbietet, animiert sie nur zum Bleiben. Mit Schwimm-
attrappen aus Kunststoff, die echten Stockenten
sehr ähnlich sehen, schreckt man keine Ente ab,
sondern lockt sie vielmehr an. Das liegt daran, dass
Stockenten gesellig lebende Wasservögel sind, die
ihr Revier gern mit Artgenossen teilen.
Fischreiher Wie die Stockenten wildern Fischreiher
vor allem in größeren Gartenteichen. Bei ihnen
machen am Teichrand aufgestellte Attrappen Sinn:
Die in Fachmärkten erhältlichen Reiherattrappen
täuschen einem in der Luft fliegenden Reiher vor,
dass das Jagdrevier bereits besetzt ist. Weil die
Vögel aber relativ große Individualabstände zuei-
nander einhalten, landet der Reiher dann gar nicht
erst am Gartenteich, sondern hält nach einem Gewässer ohne Artgenossen Ausschau.

Mit Reiherattrappen lassen sich Fischreiher vom
Gartenteich fernhalten.

Das mag kein Teichbesitzer, wenn Katzen in seinem
Teich zu fischen beginnen.

Wenn Schnecken zur Plage werden

Viele Gartenteiche werden von Wasserschnecken wie Spitzschlammschnecken *(Lymnaea stagnalis)*, Sumpfdeckelschnecken *(Viviparus viviparus)* und Posthornschnecken *(Planorbarius corneus)* bevölkert. Die Weichtiere ernähren sich hauptsächlich von abgestorbenen und sich zersetzenden organischen Materialien. Gibt es davon nicht genug im Teich, stellen sich die Schnecken auf pflanzliche Frischkost um, fressen Löcher in die Blätter größerer Wasserpflanzen und weiden die zartfiedrigen Exemplare, wie etwa Tausendblatt-Arten, oft bis zur Unkenntlichkeit ab. Solange sich die Anzahl der Schnecken in Grenzen hält, mag das tolerierbar sein. Kommt es aber zu einer regelrechten Invasion, bleibt in aller Regel auch nichts mehr vom Laich der Fische und Lurche übrig, der bei Wasserschnecken besonders begehrt ist.

Ein solches Schneckenproblem lässt sich jedoch relativ einfach und schnell lösen, wenn Sie zwei oder drei Schleien *(Tinca tinca)* in Ihren Gartenteich einsetzen. Dabei ist es unerheblich, ob Sie sich für naturfarbene, mehr oder weniger olivgrüne Exemplare oder für sogenannte Farbschleien in Gelb, Rot oder Orange entscheiden. Unter unseren einheimischen Fischarten stellt nämlich die Schleie den Wasserschnecken besonders intensiv nach. Zur Bekämpfung kleinerer Schneckenarten genügen schon Schleien mit einer Körperlänge von 8–15 cm. Bei Schnecken mit größeren Gehäusen sollten Sie allerdings Schleien von mindestens 20 cm Länge einsetzen. Zum Fressen nehmen die Schleien die ganze Schnecke ins Maul und zerdrücken ihr Gehäuse dann mithilfe des Karpfensteins (→ Seite 30). Anschließend spucken die Fische die Gehäusebruchstücke aus und verschlucken den weichen Schneckenkörper.

Katzen auf Fischfang

Viele Katzen sind geschickte Fischfänger und holen mit schnellen Pfotenschlägen Tiere aus dem Teich. Manchmal bremst eine unverhoffte »Dusche« mit dem Gartenschlauch die Lust aufs Fischen. Eine elegante Abwehrvariante ist ein wassergefüllter, etwa 60 cm breiter und 30 cm tiefer Graben, der den Teich umsäumt. Kleiden Sie den Graben mit einer 3–4 cm starken Betonschicht aus. Stabilisierend wirkt eine zusätzliche Stahlarmierung. Danach mauert man flache Natursteinplatten auf die Betonunterlage. Die inneren Platten, deren oberer Rand höchstens 1–2 cm über der Wasseroberfläche liegen darf, bilden die Grenze zum Teich. Setzen Sie beim Bau zwei Plastikrohre mit einem Durchmesser von 2–3 cm als Verbindungsstücke zwischen Graben und Gartenteich ein, um zu verhindern, dass der Graben austrocknet. Diese Verbindungsrohre sollten auf der Teichseite mit einem feinmaschigen Gazegitter versehen sein, damit kleine Fische nicht versehentlich in den Katzenschutzgraben schwimmen. Nach der Fertigstellung wird der Graben dann mit Wasser gefüllt und zur optischen Aufwertung mit einigen Schwimmpflanzen bestückt.

Schutz vor **Katzen und Schnecken**

ANTI-KATZEN-KRAUT Das »Verpiss-dich-Kraut«, eine Hybride von *Coleus canina,* hält Katzen fern, da seine Blüten einen für Katzen unangenehmen Duft absondern.

SCHNECKENFEIND Der Gemeine Sonnenbarsch *(Lepomis gibbosus)* eignet sich gut zur Bekämpfung kleiner Schnecken mit Gehäusen bis 5 mm.

Krankheiten erkennen und behandeln

Auch die Fische in Ihrem Gartenteich können einmal krank werden. Schnelle Behandlung schützt davor, dass sich die Krankheit verschlimmert und weiter ausbreitet. Wenn Sie noch nicht über die nötige Sachkunde verfügen, sollten Sie auf keinen Fall mit allen möglichen Medikamenten »herumdoktern«, sondern eine in der Bekämpfung von Fischkrankheiten erfahrene Person zurate ziehen.

Typische Krankheitssymptome

Diese körperlichen Auffälligkeiten und Verhaltensänderungen Ihrer Fische können erste Symptome einer Erkrankung sein: Die Nahrungsaufnahme wird verweigert. Die Fische »schießen« unkoordiniert im Teich herum oder fallen durch taumelnde Schwimmbewegungen auf. Ihre Kiemen sind sehr stark gerötet, und sie kommen auffällig häufig zum Luftschnappen an die Oberfläche. Typisch sind auch verzögerte oder fehlende Fluchtreaktionen und ständiges Scheuern an den Dekorationsobjekten.

Krankheitsgruppen

Fischkrankheiten kann man in drei Gruppen unterteilen. Die erste umfasst die Infektionskrankheiten, die hauptsächlich von Viren, Bakterien und mikroskopisch kleinen Pilzen verursacht werden. Diese Erkrankungen treten bei Fischen am häufigsten auf. Die zweite Gruppe vereint Erkrankungen, die durch

---

Häufige Krankheiten und Schmarotzer bei Teichfischen

NAME	SYMPTOME UND THERAPIE	NAME	SYMPTOME UND THERAPIE
BAUCH-WASSERSUCHT	Leibeshöhle prall mit Flüssigkeit gefüllt, Schuppen gesträubt. Verursacher sind Bakterien. Therapie kaum möglich. Schmerzarmes Töten erspart den Tieren Qualen.	FISCHEGEL	Bis 5 cm langer, fadenartiger, grünlich bis gelblich grau gefärbter Außenparasit. Fisch vorsichtig fangen, kurz in mit 10–20 g Kochsalz pro Liter angereichertes Wasser setzen. Egel mit Pinzette entfernen.
FISCH-TUBERKULOSE	Symptome ähnlich Bauchwassersucht, zusätzlich Hautgeschwüre und Glotzaugen. Heilungschancen gering, besser schmerzarm töten.	KARPFENLAUS	Der Fisch »schießt« unkoordiniert im Teich herum. Auf seinem Kopf sitzt eine Karpfenlaus, ein Ektoparasit mit abgeplattetem Körper. Fisch mit Kescher herausfangen. Das Keschernetz muss feinmaschig sein, weil sich die Karpfenlaus bei dieser Aktion oft löst und anschließend ein neues Opfer sucht.
WEISS-PÜNKTCHEN-KRANKHEIT	Gesamte Körperoberfläche und Flossen von kleinen weißen Pünktchen übersät. Oft tritt dabei auch Flossenklemmen auf. Wirksame Medizin gegen die Weißpünktchenkrankheit im Zoofachhandel.		

Parasitenbefall entstehen. Dabei werden Schmarotzer, die Haut oder Kiemen der Fische befallen, als Ektoparasiten bezeichnet, im Körperinneren lebende als Endoparasiten. Die letzte Gruppe umfasst nicht erregerbedingte Erkrankungen, die zum Beispiel durch mechanische Verletzungen entstehen.

Therapie und Nachsorge

Medikamentöse Behandlungen im Gartenteich sollten Sie nur durchführen, wenn der gesamte Fischbestand infiziert ist. Ansonsten sollte man erkrankte Tiere herausfangen und in einem separaten »Krankenrevier«, etwa einer sauberen Regentonne oder großen Plastikmörtelwanne, behandeln. Bei punktuellen Verletzungen, wie Einstichen, Rissen oder Kratzern in der Haut, die mechanisch oder durch Ektoparasiten entstanden sind, bilden sich ohne Wundversorgung oft watte- oder schimmelpilzartige Beläge. Um das zu vermeiden, nimmt man den kranken Fisch kurz aus dem Wasser und wäscht die Wunde mit einer 15 %igen Kaliumpermanganat-Lösung aus (Kaliumpermanganat gibt es rezeptfrei in der Apotheke). Danach mit einem Holzspatel etwas Vaseline auf die Wunde streichen.

Futter, das die Heilung unterstützt

Kranke Fische sind geschwächt, weil sie oft keine Nahrung aufnehmen. Der Genesungsprozess muss daher durch hochwertiges, protein- und vitaminreiches Futter unterstützt werden. Vitamine fördern nicht nur die Vitalität, sondern haben zum Teil – etwa Vitamin A und C – antibakterielle Wirkung. Sie helfen mit, noch im Körper vorhandene krank machende Bakterien zu beseitigen, und verhindern oft auch Neuinfektionen. Achten Sie dabei immer auch darauf, dass den pflanzenfressenden Fischen hochwertige »Grünkost« zur Verfügung steht.

Medikamente richtig verwenden

TIPPS VOM
TEICH-EXPERTEN
Axel Gutjahr

UNTER VERSCHLUSS Medikamente müssen in einem verschließbaren Schrank aufbewahrt werden, zu dem Kinder keinen Zugang haben.

NICHT ÜBERLAGERN Bevorraten Sie nur kleine Medikamentenmengen, die bald verbraucht werden. Überlagerte Chargen verlieren an Wirkkraft.

RICHTIG LAGERN Medizin mit dem Aufdruck »Kühl lagern« lässt sich notfalls bei 18–20 °C lagern. Stellen Sie die Medikamente nicht in einen Kühlschrank, in dem Lebensmittel aufbewahrt werden.

VERFALLSDATUM BEACHTEN Achten Sie beim Kauf darauf, dass das aufgedruckte Verfallsdatum nicht schon in Kürze abläuft. Fragen Sie den Zoohändler, ob er nicht benutzte Arznei nach Ablauf des Verfallsdatums kostenfrei zurücknimmt.

UNERWÜNSCHTE EFFEKTE Geben Sie Medikamente und Gartenteich-Chemikalien nie gleichzeitig ins Becken. Die Stoffe können miteinander reagieren und dabei ihre Wirksamkeit verlieren oder unerwünschte Nebenwirkungen hervorrufen.

Die Inhalte dieses Buches beziehen sich auf die Bestimmungen des deutschen Tier- bzw. Artenschutzes. In anderen Ländern können die Angaben abweichen sein. Erkundigen Sie sich daher im Zweifelsfall bei Ihrem Zoofachhändler oder bei der entsprechenden Behörde.

Adressen

Verbände/Vereine

› Verband Deutscher Vereine für Aquarien- und Terrarienkunde e. V. (VDA), Geschäftsstelle: Hans Stiller, Luxemburger Straße 16, 44789 Bochum, www.vda-online.de
Der VDA gibt Auskunft über Adressen von Aquarienverbänden und hilft bei der Vermittlung von Kontakten.

Wichtiger **Hinweis**

› Achten Sie beim Kauf von elektrischen Geräten für den Gartenteich darauf, dass sie das VDE- oder GS-Zeichen tragen und vom TÜV geprüft wurden.

› Überlassen Sie Reparaturen an elektrischen Geräten stets einem Fachmann. So gehen Ihnen die Garantieansprüche nicht verloren, und Sie vermeiden Stromunfälle.

› Achten Sie beim Betrieb von elektrischen Geräten darauf, dass deren sensible Teile nie mit Wasser in Berührung kommen. Die Installation eines Fehlerstromschutzschalters ist ratsam.

› Bundesverband für fachgerechten Natur- und Artenschutz e. V. (BNA), Ostendstr. 4, 76707 Hambrücken, www.bna-ev.de
Der BNA ist der Dachverband privater Tierhalter, Vereine und Verbände.
› Koi-Liebhaber am Niederrhein (KLAN), Kempener Allee 8, 47803 Krefeld, www.koiklan.de
› Bundesverband Deutscher Gartenfreunde e. V., Platanenallee 37, 14050 Berlin, www.kleingarten-bund.de
› Oberösterreichischer Landesverband für Vivaristik und Ökologie (OÖVVÖ), Hans Esterbauer (Präsident), Johann-Puch-Str. 27/III/5, A-4400 Steyr, www.austria-aqua.net
› Österreichischer Landesverband für Vivaristik und Ökologie (ÖVVÖ), Gerhard Gabler, Bonygasse 49/14, A-1120 Wien, www.oevvoe.at

Untersuchungsstellen

› Institut für Zoologie, Fischereibiologie und Fischkrankheiten der Tierärztlichen Fakultät der LMU München, Kaulbachstraße 37, 80539 München, www.vetmed.uni-muenchen.de/zoofisch
› Universität Gießen, Klinik für Vögel, Reptilien, Amphibien und Fische, Frankfurter Straße 94, 35392 Gießen, www.vetmed.uni-giessen.de

Fragen zur Aquaristik beantworten

Ihr Zoofachhändler und der Zentralverband Zoologischer Fachbetriebe Deutschlands e. V. (ZZF).
Nur telefonisch: (06 11) 44 75 53 32 (Mo 12–16, Do 8–12 Uhr), www.zzf.de

Sachversicherung

› Deutscher Ring, Ludwig-Erhard-Straße 22, 20459 Hamburg, www.deutscher-ring.de

Internetadressen

› www.der-gartenteich.com Von Teichtechnik bis Wasserpflanzen
› www.gartenteich-bauen.de Planung, Anlage, Zubehör, Gestaltung
› www.hobbygartenteich.de Alles rund um den Gartenteich
› www.tiere-im garten.de Tiere im Garten und Gartenteich
› www.verbraucher-service.de Ideen, Infos, Tipps, Bücher für Garten, Haus und Freizeit

Bücher, die weiterhelfen

› Gutjahr, A.: 300 Fragen zum Gartenteich. Gräfe und Unzer Verlag, München
› Gutjahr, A.: Pflanzen für den Gartenteich. Augustus-Verlag, Augsburg
› Stadelmann, P.: Goldfische. Gräfe und Unzer Verlag, München

Zeitschriften

› Aquaristik-Fachmagazin. Tetra Verlag GmbH, Berlin-Velten www.tetra-verlag.de
› DATZ. Aquarien- und Terrarien-Zeitschrift. Verlag Eugen Ulmer, Stuttgart, www.datz.de
› Gartenteich. Das Wassergarten-Magazin. Dähne-Verlag, Ettlingen, www.gartenteich.com
› Midori, Koi-Verlag, Rheda-Wiedenbrück, www.midori-magazin.com

Freude am Tier

Die neuen Tierratgeber – da steckt mehr drin

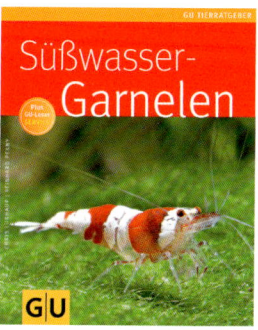

ISBN 978-3-8338-1196-8
64 Seiten

ISBN 978-3-8338-0868-5
64 Seiten

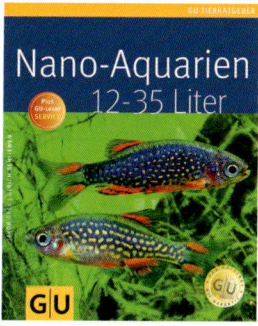

ISBN 978-3-8338-1269-9
64 Seiten

Preis je Band: **7,90 €**

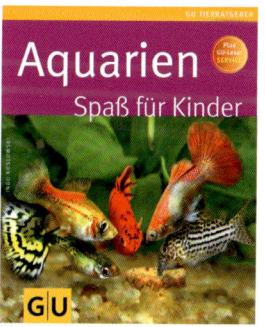

ISBN 978-3-8338-1204-0
64 Seiten

ISBN 978-3-8338-0526-4
64 Seiten

ISBN 978-3-8338-1521-8
64 Seiten

Änderungen und Irrtum vorbehalten.

Das macht sie so besonders:

Praxiswissen kompakt – vermittelt von GU-Tierexperten

Praktische Klappen – alle Infos auf einen Blick

Die 10 GU-Erfolgstipps – so fühlt sich Ihr Tier wohl

Willkommen im Leben.

Unsere Garantie

Alle Informationen in diesem Ratgeber sind sorgfältig und gewissenhaft geprüft. Sollte dennoch einmal ein Fehler enthalten sein, schicken Sie uns das Buch mit dem entsprechenden Hinweis an unseren Leserservice zurück. Wir tauschen Ihnen den GU-Ratgeber gegen einen anderen zum gleichen oder ähnlichen Thema um.

Liebe Leserin und lieber Leser,

wir freuen uns, dass Sie sich für ein GU-Buch entschieden haben. Mit Ihrem Kauf setzen Sie auf die Qualität, Kompetenz und Aktualität unserer Ratgeber. Dafür sagen wir Danke! Wir wollen als führender Ratgeberverlag noch besser werden. Daher ist uns Ihre Meinung wichtig. Bitte senden Sie uns Ihre Anregungen, Ihre Kritik oder Ihr Lob zu unseren Büchern. Haben Sie Fragen oder benötigen Sie weiteren Rat zum Thema? Wir freuen uns auf Ihre Nachricht!

Wir sind für Sie da!
Montag–Donnerstag: 8.00–18.00 Uhr;
Freitag: 8.00–16.00 Uhr *(0,14 €/Min. aus dem dt. Festnetz/Mobilfunkpreise können abweichen.)
Tel.: 0180-5 00 50 54*
Fax: 0180-5 01 20 54*
E-Mail:
leserservice@graefe-und-unzer.de

P.S.: Wollen Sie noch mehr Aktuelles von GU wissen, dann abonnieren Sie doch unseren kostenlosen GU-Online-Newsletter und/oder unsere kostenlosen Kundenmagazine.

GRÄFE UND UNZER VERLAG
Leserservice
Postfach 86 03 13
81630 München

© 2009
GRÄFE UND UNZER VERLAG GmbH, München

Programmleitung: Christof Klocker
Leitende Redaktion: Anita Zellner
Redaktion: Nadja Harzdorf
Lektorat: Gerd Ludwig
Zeichnungen: Johann Brandstetter
Bildredaktion: Waltraud Flöter
Alexandra Dimitrijevic (Cover)
Umschlaggestaltung und Layout: independent Medien-Design, München
Herstellung: Claudia Labahn
Satz: Uhl + Massopust, Aalen
Reproduktion: Longo AG, Bozen
Druck: Firmengruppe APPL, aprinta druck, Wemding
Bindung: Firmengruppe APPL, sellier druck, Freising

Printed in Germany

ISBN 978-3-8338-1206-4

1. Auflage 2009

GRÄFE
UND
UNZER

Ein Unternehmen der
GANSKE VERLAGSGRUPPE

Der Autor

Axel Gutjahr ist langjähriger GU-Autor mit den Spezialgebieten Aquaristik und Gartenteich. Er hat zahlreiche erfolgreiche Bücher zu diesen Fachgebieten veröffentlicht.

Bildnachweis

Arco-Images: U7 re.o.; blickwinkel: 22 o.re.; Borstell: 2 re.; Gardena: 19-1; Gutjahr: 17-1, 17-4, 19-4, 26, 36 mi., 37 o., 49-1, 49-2, 49-3; Hartl: U4 li., re., 9, 22/23, 22 u.re., 23 o., 35 u., 38 o., U5; Hecker: 17-5, 23 u.re., 32, 35 o., mi., 36 u., 37 u., 38 mi., 47 li., re.; Juniors: 7, 11 li., 38 u., 48, 51, 54, 56 u.; Kahl: U1 = Umschlag, U3 o., u., 1, 2 li., 4, 10, 11 re., 17-6, 24, 27 li., re., 30, 36 o., 37 mi., 39 o., 46, 52, 53, U8 li., mi., re.; Lucas: 23 u.li.; Lukhaup: 34 o.; Okapia: 13, 22 u.li.; Peither: 34 u.; Pforr: 17-2, 17-3; Redeleit: 18, 19-2, 19-3, 28, 42, 45, 50, U7 li.mi.; Reinhard, H.: U3 li., 3, 34 mi., 39 u.; Reinhard, N.: 56 o.; Schmidbauer: 8, 12, 33, 39 mi., 41 li., re., 44, 55; Steimer: 31; Strauß: 14, 20, U7 re.u.; Wegler: 22 o.li.